Deutsch mit Olli 4

Sprachbuch

Arbeitsheft
BASIS | PLUS

erarbeitet von
Christine M. Kaiser

illustriert von
Sandra Reckers
Christian Bartz
Petra Eimer
Axel Nicolai

Deine **interaktiven Gratis-Übungen** findest du hier:

1. Gib den unten stehenden Zugangscode in die Box ein.
2. Hab viel Spaß mit deinen Gratis-Übungen.

Dein Zugangscode auf
go.cornelsen.de | hojh-4k-8yrf

Cornelsen

Inhalt

Inhalt

Kapitel 5

Kapitel 6

Kapitel 7

Kapitel 8

Unsere Strategien
(ω) Wörter in Silben gliedern
(Aa) Wörter großschreiben
(ϟ) Wörter ableiten
(↪) Wörter verlängern
(M) Merkwörter

BASIS PLUS

Richtig oder falsch?

Mit diesen Fragen kannst du dein Wissen überprüfen.

Lies genau und entscheide, ob richtig oder falsch. Kreuze an.

Trage die angekreuzten Buchstaben nacheinander auf Seite 5 ein, um das Rätsel zu lösen.

	Richtig	Falsch
Verschrieben und der **Schreibtisch** gehören zu einer Wortfamilie.	☐ D	☐ P
Verben können in der Grundform oder einer Personalform stehen.	☐ U	☐ A
A, e, i, o, u sind Vokale.	☐ H	☐ U
Doppelte Mitlaute folgen nie nach einem kurzen Selbstlaut.	☐ R	☐ A
Der Baum und **der Stuhl** sind abstrakte Nomen.	☐ L	☐ S
Namen für Gefühle sind auch Nomen.	☐ T	☐ E
Wörter mit den Endungen **ig** und **lich** sind Adjektive.	☐ D	☐ S
Der **Luchs, sechs** und der **Ochse** sind Merkwörter.	☐ I	☐ E
Satzglieder kann ich nicht umstellen.	☐ S	☐ R
Ich schreibe ein Wort mit **a/äu**, wenn es ein verwandtes Wort mit **e/eu** gibt.	☐ E	☐ R
Der Redebegleitsatz steht in Anführungszeichen.	☐ K	☐ I
Ich, du, er sind Pronomen.	☐ C	☐ J
Die Grundform von **er liebt** ist **lieben**.	☐ H	☐ D
Der Satz „**Früher fuhr ich gerne Laufrad**." steht im Präteritum.	☐ T	☐ E
Das Präsens nutze ich, wenn etwas jetzt passiert.	☐ I	☐ A

Wissens-Check

	Richtig	Falsch
Der **Vampir** und der **Vogel** sind Merkwörter.	☐ G	☐ F
Ein Verb verlängere ich, indem ich die Grundform des Verbs suche.	☐ V	☐ W
Die Wörter **Brief, Brot, bauen** sind nach dem Alphabet geordnet.	☐ O	☐ I
Zusammengesetzte Nomen kann ich nur aus einem Nomen und einem Verb zusammensetzen.	☐ N	☐ E
Nach dem Prädikat frage ich mit **„was tut?“**	☐ L	☐ U
Das Subjekt kann aus mehreren Wörtern bestehen.	☐ G	☐ H
Die 1. Vergleichsstufe von **gut** ist **am besten**.	☐ L	☐ E
Das Adjektiv **superschlau** wurde aus zwei Adjektiven zusammengesetzt.	☐ M	☐ H
Wörter trenne ich nie nach Sprechsilben.	☐ U	☐ E
Vor **und/oder** steht immer ein Komma.	☐ B	☐ R
Der Redebegleitsatz steht immer hinter der wörtlichen Rede.	☐ S	☐ K
Hai, Mais und **Kaiser** sind Merkwörter.	☐ T	☐ D

Lösung:

!

Präsens und Präteritum

1 Schreibe die Verbformen im Präsens und im Präteritum zu den Grundformen.

läuft muss vergisst bekommt fährt überrascht

fuhr musste überraschte bekam vergaß lief

Grundform	Präsens	Präteritum
laufen	läuft	
fahren		
müssen		
vergessen		
überraschen		
bekommen		

2 Setze die Verbformen im Präteritum aus **1** passend ein.
Achtung: Eine Verbform passt zweimal.

Heute ________ es nicht gut für Carl.

Erst ________ er zuhause seinen Turnbeutel.

Dann ________ er versehentlich mit dem falschen Bus zur Schule

und ________ ein gutes Stück zu Fuß laufen. Fürs Zuspätkommen

________ er wieder einmal einen Rüffel vom Klassenlehrer. Dass er

schließlich für die schlampige Hausaufgabe nur eine Vier ________,

________ ihn auch nicht mehr. Welch ein Tag!

Präsens und Präteritum

1 Lies den Text. Unterstreiche alle Verbformen im Präsens.

Es ist ein sonniger Tag im Spätsommer. Die Familie macht einen Ausflug mit den Fahrrädern. Alle Satteltaschen sind mit Proviant gefüllt. Oma Tina hat nicht nur eine große Picknickdecke, sondern auch einen kleinen roten Sonnenschirm dabei. An der großen Kreuzung biegen alle nach links ab. Die Familie will am Ufer des Waldsees picknicken. Doch als sie dort ankommen, gibt es kein freies Plätzchen mehr. Schade!

2 Schreibe den Text mit Verbformen im Präteritum auf.

Das Perfekt kennenlernen

1 Unterstreiche in den beiden Texten die Verbformen im Perfekt und Präteritum.

Gestern radelte ich mit Mama zum See. Wir angelten zwei Forellen. Zuhause bereitete ich mit Opa die Fische zum Braten vor. Nach dem Säubern würzten wir sie gründlich. Anschließend brieten wir die beiden Forellen. Nach dem Braten servierte ich sie auf einem Gemüsebett. Sie schmeckten uns allen sehr gut.

Gestern bin ich mit Mama zum See geradelt. Wir haben zwei Forellen geangelt. Zuhause habe ich mit Opa die Fische zum Braten vorbereitet. Nach dem Säubern haben wir sie gründlich gewürzt. Anschließend haben wir die beiden Forellen gebraten. Nach dem Braten habe ich sie auf einem Gemüsebett serviert. Sie haben uns allen sehr gut geschmeckt.

2 Schreibe die Verbformen geordnet auf.

Präteritum	**Perfekt**
ich radelte	

Sprachbuch Seite 17

Das Perfekt kennenlernen

1 Unterstreiche im Text die Verbformen im Präteritum.
Schreibe ihn mit den Verbformen im Perfekt auf.

Gestern fuhr ich mit meinem Fahrrad ins Nachbardorf und besuchte meinen Vater in seiner neuen Wohnung. Wir kochten zusammen eine Kartoffel-Gemüse-Suppe. Papa schälte die Kartoffeln und putzte das Gemüse. Ich schnitt alles zu kleinen Würfeln. Diese brieten wir in heißem Fett an. Anschließend gossen wir heiße Brühe zu. Die Suppe schmeckte uns sehr gut. Nach dem Essen fuhr ich vergnügt wieder nach Hause.

Abstrakte Nomen

1 Verbinde.

die Idee

das Fahrrad

der Geburtstag

die Landkarte

konkrete Nomen

die Woche

die Freude

der Traum

abstrakte Nomen

der Ausflug

die Fahrradklingel

das Abenteuer

der Großvater

der Schmetterling

2 Schreibe die abstrakten Nomen aus **1** passend in den Text.

Letzte ____________ feierte Mila

ihren zehnten ____________.

Über die ____________ ihres Großvaters

für ein Geschenk freute sie sich ganz besonders.

Ihre ____________ war deshalb so groß,

weil Opa ihr einen lang gehegten ____________ erfüllte:

Er schenkte ihr einen mehrtägigen ____________ mit dem Fahrrad,

auf dem sie ganz viele ____________ erleben würden.

Abstrakte Nomen Aa

1 Schreibe zu jedem der markierten Adjektive oder Verben ein abstraktes Nomen in die Lücken.

Wenn ich einen Menschen sehr **lieb** habe, dann empfinde ich Liebe ______ für diese Person.

Wenn ich jemandem **vertraue**, dann habe ich ______ zu ihm.

Wenn es im Dezember **weihnachtet**, dann steht ______ vor der Tür.

Wenn ich mit einem anderen Kind **streite**, dann fechten wir einen ______ miteinander aus.

Wenn etwas **gefährlich** ist, dann besteht eine ______.

Wenn eine Erfahrung **schmerzlich** ist, dann bereitet sie ______.

Wenn es draußen sehr **kalt** ist, dann herrscht klirrende ______.

Wenn ich mit Opa **wandere**, dann machen wir eine ______.

Wenn ich etwas mache, was sehr **dumm** ist, dann begehe ich eine ______.

Nomen mit -heit, -keit, -nis und -ung

1 Unterstreiche im Text die Nomen mit **-heit, -keit, -nis** und **-ung**.

Die Haltung von Ameisen in einem Terrarium ist mit einer großen Verantwortung für die kleinen Tierchen verbunden. Im Nest darf auf keinen Fall Trockenheit entstehen. Darunter würde die Gesundheit der Ameisen erheblich leiden. Die Notwendigkeit eines schattigen Plätzchens für das Terrarium ist ebenfalls nicht zu unterschätzen. Dasselbe gilt für die Sauberkeit im Nest. Ein Versäumnis bei der Wahl des Standortes könnte den Ameisen sehr schaden. In der Wildnis finden sie selbst den besten Platz, um ihr Nest zu bauen.

2 Schreibe die Nomen aus 1 passend zu den Adjektiven und Verben.
Markiere die Endungen der Nomen.

halten die Haltung

verantwortenb ________

notwendig ________

sauber ________

versäumen ________

wild ________

trocken ________

gesund ________

Nomen mit -heit, -keit, -nis und -ung

1 Verbinde.

-heit	-keit	-nis	-ung

bewegen	finster	schön	fröhlich
reinigen	ärgern	sicher	höflich
anstrengen	zeugen	krank	sparsam
prüfen	erleben	dunkel	sauber
spannen	gefangen	gemein	traurig
wohnen	hindern	frei	einsam

2 Bilde aus den Verben und Adjektiven aus **1** Nomen mit Wortbausteinen und schreibe sie mit Artikel passend auf.

-heit die Schönheit,

-keit

-nis

-ung

Nomen im Satz erkennen

1 Setze die Artikelwörter passend ein. Markiere das dazugehörige Nomen.
Achtung: Manche Artikelwörter passen mehrfach.

~~sein~~	keine	ein	dem	seinen	vielen	das	seine

Gestern entdeckte Leo sein Traumrad.

Vor ______ Spielplatz stand ______

quietschbunte Gefährt zwischen ______

anderen Fahrrädern und ______ roten

Roller von Kim. Dass ______ Roller da herumstand, freute Leo sehr.

Vielleicht wusste sie ja, wem ______ tolle Rad gehört. Dann könnte

er ______ Besitzer oder ______ Besitzerin fragen, wo es

gekauft wurde. Doch Kim hatte ______ Ahnung. Und auch ______

anderen Kinder konnten ihm nicht weiterhelfen. „Aber vielleicht finde ich

in ______ neuen Fahrradgeschäft ja ______ ähnliches Schmuckstück."

2 Schreibe die markierten Nomen aus **1** mit ihrem bestimmten Artikel auf.

das Traumrad, ______

Nomen im Satz erkennen (Aa)

1 Schreibe den Text richtig auf. Ergänze an den markierten Stellen passende Artikelwörter. Markiere Artikelwörter und Nomen mit verschiedenen Farben.

LEO MUSSTE AUF ★ SUCHE NACH ★ TRAUMRAD IN ★ NEUEN FAHRRADLADEN GAR NICHT LANGE SUCHEN, BIS ER ES GEFUNDEN HATTE. SCHON ALS ER ★ LADENLOKAL BETRAT, SAH ER ES AUF ★ HOHEN PODEST STEHEN, WO ES VON ★ STRAHLERN HELL BELEUCHTET WURDE. NACHDEM ER JEDOCH ★ PREISSCHILD GESEHEN HATTE, WARF ER NOCH ★ LETZTEN SEHNSÜCHTIGEN BLICK AUF ★ SCHÖNE STÜCK UND VERLIEß ★ LADEN WIEDER. ★ RAD WÜRDE WOHL IMMER ★ TRAUM BLEIBEN.

Leo musste auf der Suche

Eigennamen

1 Unterstreiche alle Eigennamen im Text.

Im Sommer machte die Klasse 4a einen Ausflug nach Berlin. Vom Brandenburger Tor aus erkundeten die Kinder mit zwei Bussen die Stadt. Während eine Gruppe zwei Stunden im Deutschen Technikmuseum verbrachte, besuchte die andere den Zoologischen Garten Berlin. Auf dem Weg dorthin fuhr der Bus an der Siegessäule vorbei, die golden in der Sonne glänzte. Nachdem alle sich vor der Gedenkstätte Deutscher Widerstand wiedergetroffen hatten, ging es gemeinsam weiter zum Deutschen Historischen Museum. Den krönenden Abschluss des Ausflugs bildete aber die Aufführung der Bremer Stadtmusikanten in der Deutschen Oper Berlin.

2 Schreibe die Eigennamen auf. Markiere die Großbuchstaben am Anfang.

das Brandenburger Tor

Eigennamen Aa

1 Setze passend ein.

Deutsche Bahn | deutscher Bahnhof

Papa, Jan und Lotta fahren mit der ______________________ nach Holland.

Kurz vor der holländischen Grenze hält der Zug noch einmal an einem

______________________.

Technische Universität | technische Universität

In Holland besuchen sie Mama, die seit Anfang des Jahres an der

______________________ Eindhoven arbeitet. Bis vor kurzem hatte

sie noch an einer anderen ______________________ in Deutschland

gearbeitet.

Schiefer Turm | schiefer Turm

Letztes Jahr machte die Familie Urlaub in Italien. Dort besichtigte sie den

______________________ von Pisa. Doch auch andernorts hatten Jan und Lotta

schon einmal einen ______________________ gesehen.

weißer Schwan | Weißer Schwan

Auf dem Weg nach Italien war die Familie zum Essen im Restaurant

______________________ eingekehrt. In der Nähe des Restaurants drehte

ein ______________________ auf einem Weiher seine einsamen Runden.

Satzglieder umstellen und erkennen

1 Baue den Satz nach den vier Farbmustern um und schreibe die Sätze auf.

Die Kürbisse | in unserem Garten | sind | schon seit Tagen | reif .

Denke an die Großschreibung am Satzanfang und das Satzzeichen am Ende.

Schon seit Tagen

2 Finde noch mindestens eine weitere Möglichkeit, die Reihenfolge der Satzglieder zu verändern. Schreibe den Satz auf.

Satzglieder umstellen und erkennen

1 Baue jeden Satz ein Mal um. Trenne dann die Satzglieder voneinander ab. Schreibe jeweils die Anzahl der Satzglieder daneben.

Am Samstag erntet unsere ganze Familie im Garten die Kürbisse.

Unsere ganze Familie | erntet

5

Nach dem Aushöhlen schneiden wir gruselige Gesichter in die Kürbisse.

Die Kinder stellen eine Kerze in die ausgehöhlten Kürbisse.

Geheimnisvoll leuchten die Kürbisse in der Nacht.

2 Stelle einen der Aussagesätze aus **1** zu einer Frage um.

Mit Adjektiven vergleichen

1 Ergänze die fehlenden Grundformen und Vergleichsstufen.

Grundform	1. Vergleichsstufe	2. Vergleichsstufe
durstig	durstiger	am durstigsten
frostig		
	mutiger	
		am listigsten
	wichtiger	
heftig		

2 Setze die Vergleichsstufen passend ein.

kräftig | gefährlich | lieber | heller | größer | kälter

Ein Orkan ist gefährlicher ______ als eine Windböe.

Ein Riese ist ______ als ein Zwerg.

Diese Lampe strahlt ______ als eine Kerze.

Am Nordpol ist es ______ als in der Sahara.

Der Mann ist ______ als der Junge.

Ich mag Schokolade ______ als Gummibärchen.

Mit Adjektiven vergleichen

Du kannst das Wörterbuch benutzen.

1 Vergleiche mit Hilfe der Adjektive.

süß | jung | hoch | schnell | klein | laut

Die Maus ist

Adjektive bilden mit -ig, -lich und -isch

1. Verwandle die Nomen in Adjektive.

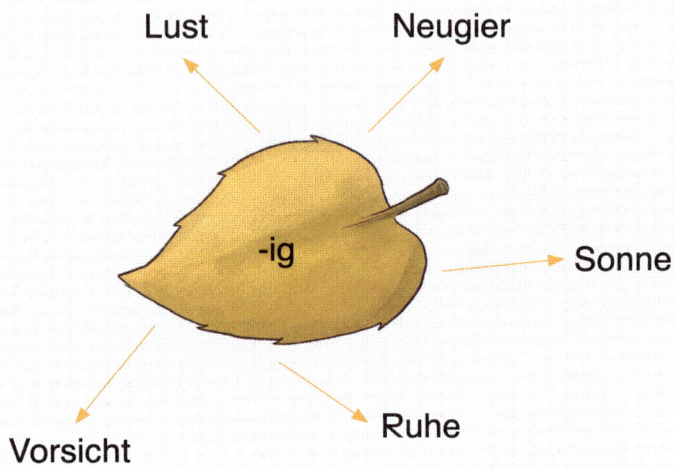

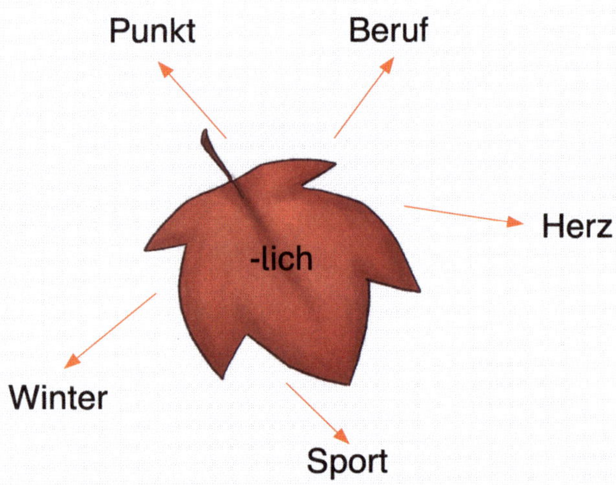

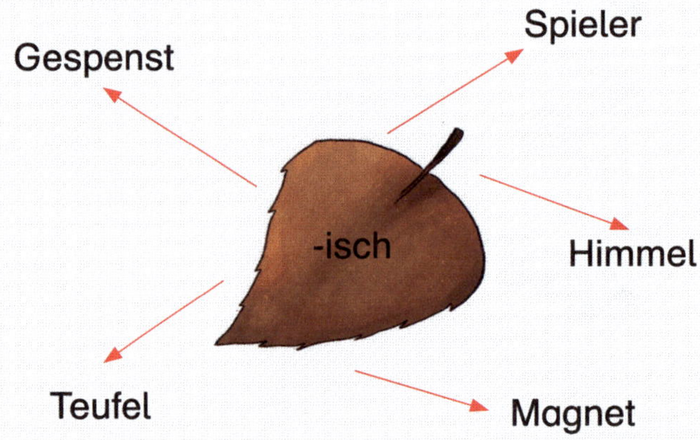

Adjektive bilden mit -ig, -lich und -isch

1 Bilde mit den Wortbausteinen **-ig**, **-lich** und **-isch** Adjektive. Löse das Rätsel.

Durst d u r s t i g

Spott

Trauer

Witz

Frieden

Ekel

Ärger

Tag

Natur

Laune

Betrüger

Viele Familien machen sonntags einen ______________ im Park.

2 Bilde Adjektive und setze sie passend ein.

Sturm Schreck Eis Salz Regen

Heute ist es ______________ , trüb und ______________ kalt.

Der Wind bläst ______________ über den Park. Der Regen schmeckt ______________ . Welch ein ______________ Wetter!

Adjektive bilden mit -bar, -los und -sam

1 Verwandle die Verben und Nomen in Adjektive.

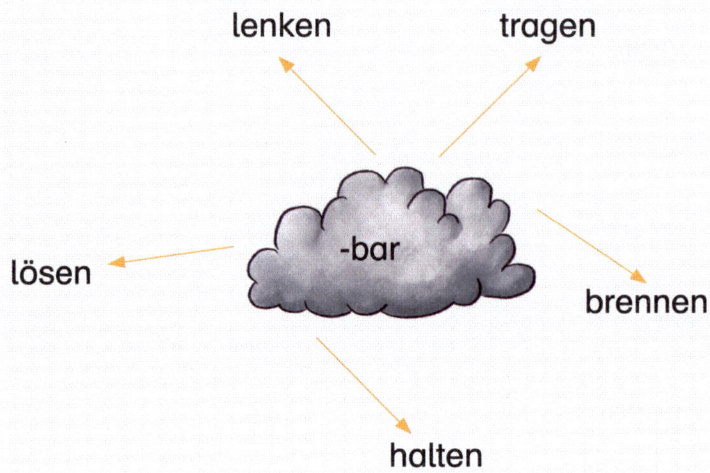

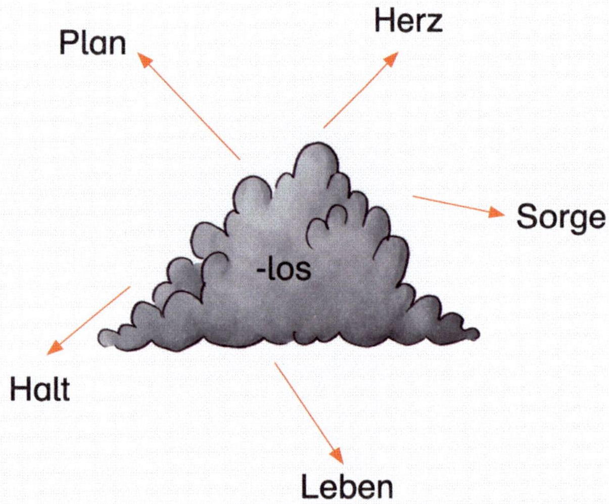

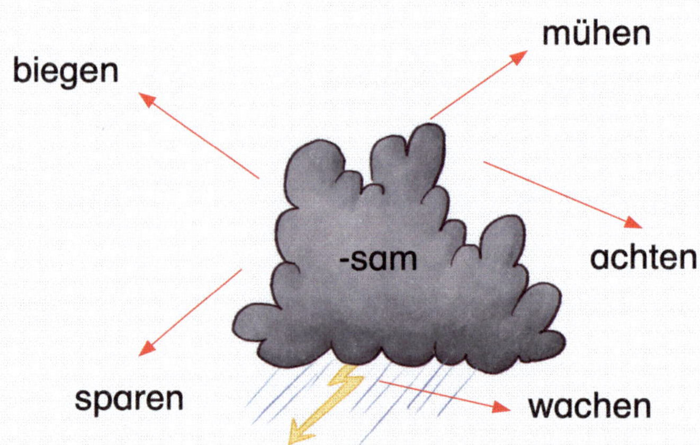

Adjektive bilden mit -bar, -los und -sam

1 Bilde mit den Wortbausteinen **-bar**, **-los** und **-sam** Adjektive. Löse das Rätsel.

folgen	f o l g s a m
Mühe	
genügen	
trinken	
Gedanke	
strafen	
waschen	
wachen	
einfühlen	
denken	
Plan	

Stimmen die Windverhältnisse im Herbst, können wir unseren roten

_______________ fliegen lassen.

2 Erkläre den Unterschied zwischen **sorgsam** und **sorglos**.

____

____

____

Strategien anwenden

1 Zeichne Silbenbögen unter die Wörter.
Schreibe die Wörter anschließend mit den fehlenden Selbstlauten und Zwielauten richtig daneben.

K★rt★ff★l★rnt★ ______

F★ld★rb★t ______

W★tt★rb★r★cht ______

★rnt★m★sch★n★ ______

N★v★mb★rw★tt★r ______

2 Finde in jeder Schlange drei Nomen und schreibe sie mit ihrem Artikel auf.
Markiere bei jedem Nomen den Großbuchstaben am Wortanfang.

das Gemüse, ______

______

______

Strategien anwenden

1 Zeichne Silbenbögen unter die Wörter. Schreibe anschließend den Text mit den fehlenden Selbstlauten und Zwielauten richtig auf.

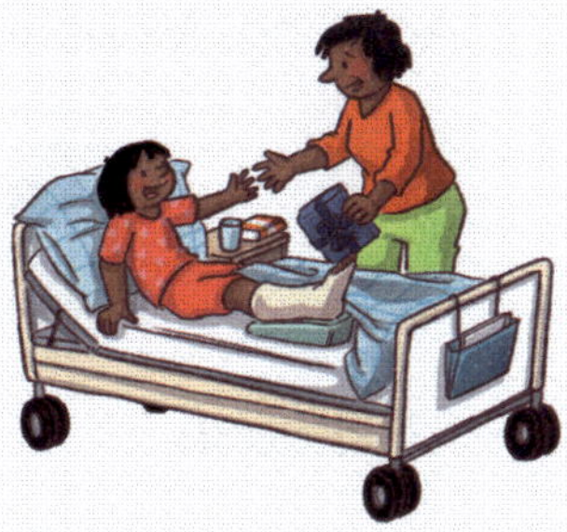

G★st★rn b★s★cht★ Gr★ßm★tt★r m★ch ★m

Kr★nk★nh★s. D★r★b★r h★b★ ★ch m★ch s★hr

g★fr★t. B★s★nd★rs ★b★r d★ Sch★k★l★d★.

2 Schreibe den Text richtig auf.

im spätsommer durfte ich mit mama und opa die äpfel ernten. mama kletterte in den Baum, pflückte die äpfel und legte sie in einen korb. anschließend ließ sie den korb an einem seil zu mir herunter. danach füllte opa die äpfel aus dem kleinen in den großen korb.

Strategien anwenden

1 Welche Strategie passt, um die markierten Stellen richtig zu schreiben? Schreibe die Wörter zum passenden Symbol.
Achtung: Manchmal passen zwei Strategien. Schreibe das Wort dann zu beiden Symbolen.

kennen | Kälte | Gießkanne | Käfer | Land | wohnen

witzig | Gebäude | Vater | Stuhl | wollen

knuspern | Häuser | lockig | Kasten | Käse | Fuß

Sängerin | taub | Kette | laut | wässern

Radweg | wärmer | vergessen | Kind | Schätze | Bezug

kennen, ______________________

____

____

____

____

____

____

____

Strategien anwenden ⓦ Ⓐⓐ ⓛ ⓥ Ⓜ

1 In jedem Satz steht ein Wort, zu dem die beiden nebenstehenden Symbole passen. Unterstreiche es.

Das Novemberwetter ist in diesem Jahr sehr ungemütlich. Ⓜ ⓦ

Schon im Spätsommer hatte es meist geregnet. Ⓜ ⓦ

Doch im Sommer sonnten wir uns an den Sandstränden Teneriffas. ⓥ ⓛ

Dabei holte sich Papa einen schlimmen Sonnenbrand. ⓦ ⓥ

Seine Haut musste eine Woche lang täglich eingekremt werden. ⓛ ⓥ

2 In diesen Text haben sich einige Fehler eingeschlichen und sind schon markiert. Schreibe den Text richtig auf.

die Kinder wolen federbal spielen. Mila hat iren Schleger zuhause fergessen. Deshalp leit sie sich Milos Schleger aus. Doch der liekt lengst nicht so gut in der Hant wie ihr eigener. Schlieslich wirft sie in wütent auf die Wise. für heute hat si genuk dafon.

Subjekt und Prädikat

1 Bestimme in den Sätzen das Prädikat. Unterstreiche das Prädikat rot.

Die Kinder schreiben einen Brief.

Was tun die Kinder? Sie schreiben...

Milo bringt den Brief ins Rathaus.

Er fährt mit dem Fahrrad zum Rathaus.

Das Rathaus steht auf dem Marktplatz.

Milo steckt den Brief in den Briefkasten.

Der Junge kauft sich danach ein Eis.

2 Frage in den Sätzen in **1** nach dem Subjekt. Unterstreiche es jeweils blau. Schreibe die Subjekte auf.

Wer oder was schreibt, bringt, ...?

die Kinder,

Subjekt und Prädikat

1 Unterstreiche in den Sätzen das Prädikat rot und das Subjekt blau, indem du die passenden Fragen stellst.

Stelle die Sätze dann so um, dass eine Aussage oder eine Frage entsteht.

Freuen sich die Kinder auf den neuen Spielplatz?

Die Kinder freuen sich auf den neuen Spielplatz.

Drei Handwerkerinnen bauen den neuen Spielplatz.

Die Bürgermeisterin feiert am Ende gemeinsam mit den Kindern.

Spielen die Kinder gerne mit den neuen Spielgeräten?

Alle Kinder gehen am Abend zufrieden nach Hause.

Das zweiteilige Prädikat

1 Verwandele die Sätze wie im Beispiel. Unterstreiche dann das zweiteilige Prädikat.

Alle Kinder kommen im Bootshaus zusammen.

Alle Kinder wollen im Bootshaus zusammenkommen.

Sie schreiben ihre Wünsche für den neuen Spielplatz auf.

Zusammen bringen sie den Brief an die Bürgermeisterin weg.

Milo wirft ihn am Rathaus in den Briefkasten ein.

Die Kinder holen sich die Antwort der Bürgermeisterin ab.

Das zweiteilige Prädikat

1 Unterstreiche jeweils die beiden Teile des Prädikats.

Heute kommen alle Kinder auf dem Spielplatz zusammen. Sie bringen ihre Bälle und Hüpfseile mit. Damit probieren sie auf dem Spielplatz neue Spiele aus. Spielt die Neue aus der Klasse auch mit? „Wirf mir den Ball zu!“, fordert sie Emil auf. Sie fängt den Ball sehr geschickt auf. Dann wirft sie ihn so stramm zurück, dass Emil ihn nicht fangen kann. Der Ball fliegt an ihm vorbei und verschwindet im Gebüsch.

2 Schreibe die Verben, aus denen die zweiteiligen Prädikate in 1 bestehen, auf.

zusammenkommen,

3 Schreibe mit den Verben jeweils einen Satz mit einem zweiteiligen Prädikat. Unterstreiche es.

ausbuddeln wegnehmen auffressen

Bello buddelt

Verben mit Vorsilben bilden

1 Welche Vorsilbe passt? Markiere sie. Schreibe die Verben auf.

auf- / her-	schließen
ein- / aus-	malen
vor- / ent-	tanzen
ein- / um-	kaufen
zer- / nach-	reißen
weg- / an-	feuern

aufschließen,

2 Bilde Verben mit der Vorsilbe **be-**. Schreibe mit jedem Verb einen Satz.

beeilen: Sie beeilt sich sehr, um pünktlich zur Schule zu kommen.

be

be

be

Sprachbuch Seite 42

Verben mit Vorsilben bilden

1 Mit welchem Verb lässt sich mit Hilfe der Vorsilbe ein anderes sinnvolles Verb bilden? Markiere es.

ver-	ändern / täuschen
auf-	träumen / bauen
er-	lauben / baden
hinauf-	steigen / essen

2 Schreibe mit jedem Verb aus 1 einen Satz.

____

____

____

____

____

____

____

____

3 Setze **umfahren** passend in den Text ein.

Als wir gestern mit den Fahrrädern unterwegs waren, war Papa ganz kurz unaufmerksam und ____________ fast einen Fußgänger ____________. Im letzten Augenblick konnte er ihn noch ____________, sonst wären beide sicherlich verletzt worden.

Mit Konjunktionen Sätze verbinden

1 Markiere in den Sätzen, die mit **weil** und **denn** beginnen, jeweils die Personalform des Verbs.

Mila mag die Bürgermeisterin sehr, weil sie den Kindern half.

Mila mag die Bürgermeisterin sehr, denn sie half den Kindern.

Opa sitzt morgens im Sessel, weil er gerne gemütlich die Zeitung liest.

Opa sitzt morgens im Sessel, denn er liest gerne gemütlich die Zeitung.

Alle mögen den Spielplatz, weil er nahe beim Bootshaus ist.

Alle mögen den Spielplatz, denn er ist nahe beim Bootshaus.

2 Setze in den Sätzen jeweils die Konjunktion **weil** oder **denn** passend ein.

Im Stadtrat war lange über den Neubau diskutiert worden, denn eigentlich fehlte der Stadt das Geld für einen neuen Spielplatz.

Die Bürgermeisterin konnte den Stadtrat aber überzeugen, ________ sie gute Gründe für einen Neubau vorbrachte.

Nun sitzen die Kinder gerne auf dem neuen Kletterturm, ________ sie von dort oben einen guten Überblick über den Spielplatz haben.

Ela hockt lieber auf der Schaukel, ________ dort kann sie so schön vor sich hin träumen.

Milo ist noch immer sehr stolz auf sich, ________ er es geschafft hat, dass ein neuer Spielplatz gebaut wurde.

Mit Konjunktionen Sätze verbinden

1 Verbinde die Sätze erst mit der Konjunktion **weil**, anschließend mit **denn**.

Der neue Spielplatz ist schon fertig. Die Handwerker haben schnell gearbeitet.

Der neue Spielplatz ist schon fertig, weil ______

Der neue Spielplatz ist schon fertig, denn ______

Die Kinder können wieder klettern. Der Kletterturm ist neu und sicher.

Die Kinder können wieder klettern, ______

Die Kinder können wieder klettern, ______

Mila besucht den Spielplatz gerne. Die alte Lieblingsschaukel ist noch da.

Mila besucht den Spielplatz gerne, ______

Mila besucht den Spielplatz gerne, ______

Alle Kinder mögen den neuen Spielplatz. Er hat wirklich sehr viel zu bieten.

Alle Kinder mögen den neuen Spielplatz, ______

Alle Kinder mögen den neuen Spielplatz, ______

Sprachbuch Seite 43

Wörter mit ck und tz üben

1 Schreibe Reimwörter mit **ck** und **tz**.

Wecker	schmatzen	Pflöcke	putzig
l			
fleckig	Schätzchen	Locken	witzeln

2 Schreibe die Wörter mit **ck** und **tz** nach Silben getrennt in die Kästchen.

wecken setzen Pfütze locker schnitzen
Kräcker Brücke hetzen Glucke
schmutzig schützen wackeln

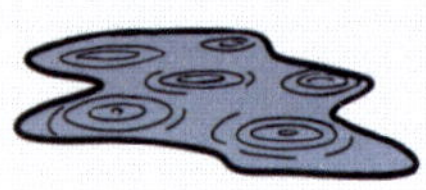

we	–	cken	set	–	
	–			–	
	–			–	
	–			–	
	–			–	
	–			–	

Wörter mit ck und tz üben

1 Setze passend ein: **ck** oder **k**, **tz** oder **z**.

Auf dem neuen Spielpla tz blieb die alte Schau ___ el erhalten. Nur die beiden Ha ___ en, an denen die Ketten hängen, wurden erneuert, weil sie schon ganz lo ___ er waren. Heute Morgen sind keine Kinder da. Doch Frau Altmann si ___ t mit ihrem kleinen Da ___ el auf der Bank hinter der Rutsche. Neben ihr steht ein Ru ___ sa ___ , in dem sich die Wolle befindet, aus der sie eine Mü ___ e für ihr neues Enkelkind hä ___ elt. Einen bunten Schal hat sie ihm schon gestri ___ t, damit das Baby nicht friert, wenn es im De ___ ember geboren wird. Frau Altmanns kleiner Hund he ___ t derweil über den ganzen Pla ___ und ste ___ t seine Schnau ___ e in alles hinein, was herumliegt. Inzwischen ist er schon so schmu ___ ig, dass sein Frauchen sein Fell gründlich pu ___ en muss.

2 Ergänze die Antworten passend.

Was ist die Aufgabe von Schlossgespenstern? Sie ____________.

Was machen Lamas, um ihr Revier zu verteidigen? Sie ____________.

Wozu kann ich ein Beil verwenden? Ich kann damit Holz ____________.

Woran kann etwas hängen? Ich kann etwas an einen ____________ hängen.

Sprachbuch Seite 44

Wörter mit lk, nk, rk und lz, nz, rz

1 Schreibe die verwandten Wörter in eine Zeile. Markiere **lk**, **nk** oder **rk** in unterschiedlichen Farben.

die Wolke schenken bewölkt aufmerksam
stinken der Anker das Merkheft stinkig werkeln
merken das Geschenk wolkig der Gestank
ankern die Werkstatt verschenken Werk die Ankerkette

die Wolke,

2 Was passt? Setze **lz**, **nz** oder **rz** passend ein.

„Ich habe kü___lich an der Gre___e zum Nachbargarten einen Fliegenpi___ gesehen“, erzählt Mila. „He___lichen Glückwunsch, du Glückspi___!“, ruft Naomi und ergä___t: „Das bringt wirklich Glück.“ Ela fragt: „Stand da nur ein ei___elner Pi___ oder waren es mehrere?“ Mila zuckt mit den Schultern: „Keine Ahnung, ich habe nur ganz ku___ hingeschaut. Er lugte unter dem Ho___brett des Gartenzauns hervor.“

Wörter mit lk, nk, rk und lz, nz, rz

1 Setze **ck** oder **k**, **tz** oder **z** ein. Markiere kurze Selbstlaute davor mit einem Punkt.

Heute Abend macht es sich die Familie gemütlich. Papa hat mit Hilfe eines Streichhol☐es eine Ker☐e angezündet. Seit er die Kinder heute Morgen gewe☐t hat, mer☐t er schon die gan☐e Zeit, dass sie etwas auf dem Her☐en haben. Also se☐t er sich zu ihnen auf die Küchenban☐ vor der warmen Hei☐ung und fragt: „Kinder, warum schaut ihr heute so tro☐ig aus der Wäsche? Habt ihr etwas verbo☐t oder ich?“ Die Kinder schauen einander an und dann pla☐t es aus dem Mädchen heraus: „Oh Papa, die le☐ten Wochen hatten wir es wir☐lich nicht leicht mit dir.“ „Stimmt“, ergän☐t ihr Bruder, „fast jeden Tag hast du Überstunden gemacht, bist total abgehe☐t nach Hause gekommen und hast nur gan☐ selten mal etwas Le☐eres gekocht. Und das Kä☐chen, das wir unter der Schau☐el gefunden haben, durften wir auch nicht behalten.“ „Und Zu☐er haben wir auch keinen mehr im Schran☐!“, unterbricht ihn seine Schwester vorwurfsvoll. „War es wirklich so schlimm in der letzten Zeit?“, fragt der Vater entse☐t und in seinen Augen gli☐ern Tränen: „Dann werde ich je☐t ganz schnell etwas daran ändern“, verspricht er seinen Kindern.

Sprachbuch Seite 45

Wörtliche Rede

1 Nach der Kinovorstellung unterhalten sich Mila, Naomi und Ela über den Film, den sie zusammen gesehen haben.
Schreibe die wörtlichen Reden mit passenden Redebegleitsätzen auf.
Die Verben helfen dir.

~~schwärmen~~ | bestätigen | laut überlegen | lachen | ergänzen

Mila schwärmt: „Welch

 Sprachbuch Seite 52

Wörtliche Rede

1 Ela erzählt zuhause, wie sehr ihr die Nachmittagsvorstellung im Kino gefallen hat. Schreibe die Aussagen, Fragen und Ausrufe mit nachgestellten Redebegleitsätzen auf.

„Heute

Der eingeschobene Redebegleitsatz

1 Schreibe die Redebegleitsätze passend in die Zeilen.

~~jubelt Malte~~	fügt er hinzu	jammert Lasse
antwortet Malte lächelnd	berichtigt ihn Malte	
beendet Malte die Diskussion	freut sich Opa	
ruft Maltes kleine Schwester Kim		

„Klasse“, jubelt Malte, „ich habe zwei Kinokarten für den Blockbuster am Samstagnachmittag gewonnen!“

„Wie schön“, ____________________, „dann kannst du ja noch jemanden mitnehmen.“

„Ich möchte mit“, ____________________, „bitte, nimm mich mit!“

„Mal sehen“, ____________________, „du warst ja letztes Mal schon mit mir im Kino.“

„Genau“, ____________________, „immer darf Kim dich begleiten!“

„Ganz so“, ____________________, „ist es ja nun auch wieder nicht.“

„Den Tierfilm über die Delfine“, ____________________, „haben wir beide zusammen gesehen.“

„Aber wisst ihr was“, ____________________, „ich kaufe noch eine Eintrittskarte dazu und nehme euch diesmal beide mit.“

Der eingeschobene Redebegleitsatz

1 Stelle den Redebegleitsatz jeweils zwischen die wörtliche Rede. Es gibt mehrere Möglichkeiten.

„Als wir ins Kino kamen, waren schon fast alle Plätze besetzt“, erzählt Malte.
„Genau, dabei wollten wir doch nebeneinandersitzen“, bestätigt Kim.
„Was hätten wir bloß gemacht, wenn der nette Junge nicht einen Sitz weitergerückt wäre?“, fragt Lasse.
„So schlimm wäre das doch auch nicht gewesen!“, ruft Kim.
„Also, mir war es schon lieber, dass wir zusammen in einer Reihe saßen“, sagt Lasse.
„Haha, so konntest du mir das Popcorn besser wegfuttern“, lacht Malte.

„Als wir ins Kino kamen“, erzählt Malte,

Lautmalerische Wörter

1 Welche lautmalerischen Verben passen? Verbinde.
Achtung: Manche Verben passen nicht nur zu einem Bild.

knacken

brutzeln

prasseln

knistern

knicken

blubbern

flackern

murmeln

brodeln

donnern

brausen

plätschern

rauschen

tosen

blitzen

grollen

sprudeln

heulen

Lautmalerische Wörter

1 Setze die Geräusche passend in den Text ein.

Tärä | Äh | Autsch

Boing, boing, boing | Hmpf | Oh

~~Pssst~~ | Trippel, trappel | Wumm

„ Pssst !“ Carl hält seinem kleinen Bruder Paul die Hand fest vor den Mund und flüstert: „Hör mal!“ Ein lautes Klopfen ist an der Hintertür zu hören: ______________________!

„ ____________“, quietscht Paul, „du tust mir weh!“ Er dreht sich um und läuft mit kleinen Schritten durch den Flur in sein Zimmer. ______________________, weg ist er und schlägt mit einem lauten ____________ die Tür hinter sich zu. Carl überlegt: „ ________, und was war das jetzt?“ Nun will er es genau wissen und schleicht sich zur Hintertür. Mutig reißt er sie auf. „ __________!“, schallt es ihm entgegen und mehrere Luftschlangen fliegen ihm entgegen.

„ ____________“, jetzt ist Carl alles klar: „Hallo Mama, wars schön auf der Party bei Tante Sina?“

Dialekte

1 Schreibe den Text in drei verschiedenen Versionen. Verwende jeweils die passenden Dialektwörter für  und , wie sie in Berlin, Köln und München verwendet werden.

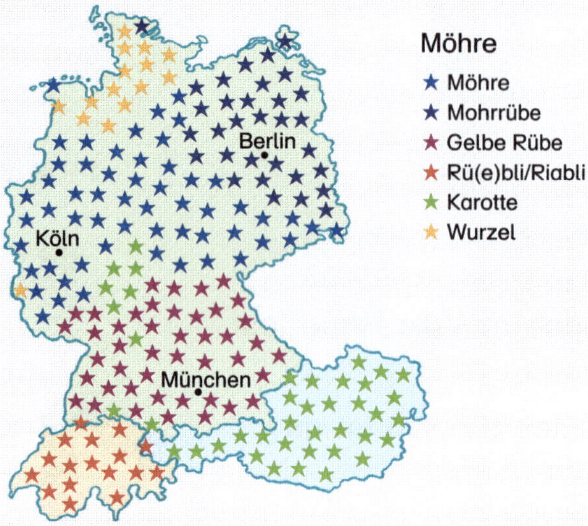

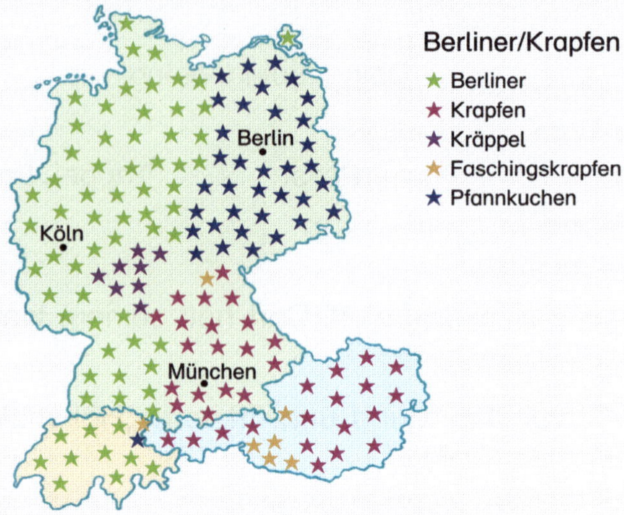

Bei Oma gab es gestern Abend eine  suppe zum Mittagessen.

Zum Nachtisch aßen wir frisch gebackene   .

Berlin: ______________________________

____

____

Köln: ______________________________

____

____

München: ______________________________

____

____

 Quellenangabe zu den Schaubildern: https://www.atlas-alltagssprache.de

Dialekte

1 Ergänze den Text mit den passenden Dialektwörtern für Brötchen, Kartoffelbrei, Apfelrest und die Bezeichnung für die Mahlzeit am Abend.

1

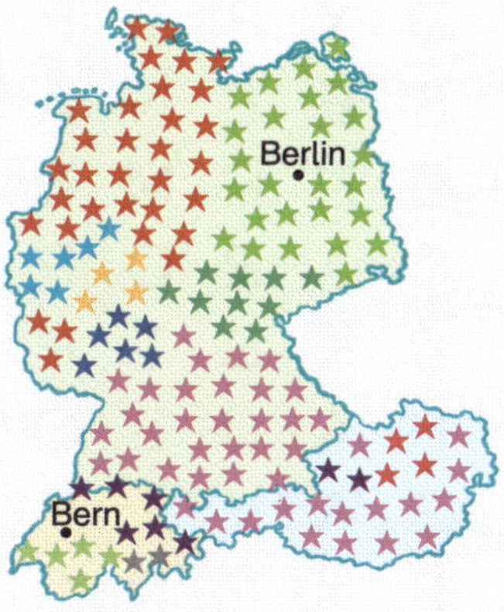

Apfelrest
- Kerngehäuse
- (Apfel-)Griebsch
- (Apfel-)Gri(e)bs
- (Apfel-)Krebs
- (Apfel-)Kitsch, -Ketsch
- (Apfel-)Nüsel
- (Apfel-)Krotz, (-)Krutze
- (Apfel-)Butzen, (-)Butzga
- (Apfel-)Butzen
- Batzen
- (Apfel-)Gröibschi
- (Apfel-)Bitz
- Buschi, Buschgi
- Sonstige

2

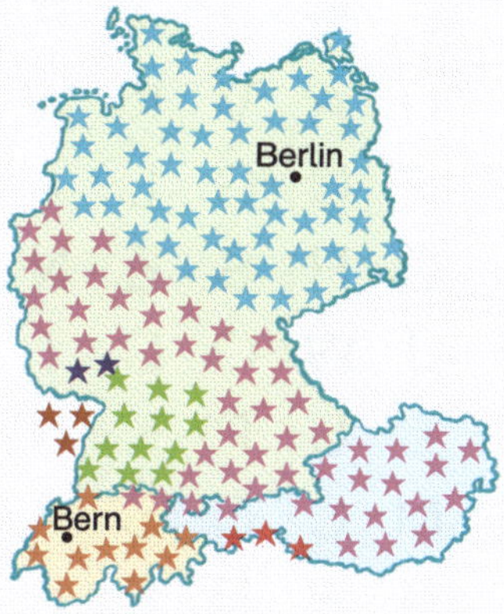

Mahlzeit am Abend
- Abendbrot
- Abendessen
- Nachtessen
- Nachtmahl
- Znachtessen (-ässä, ...)
- Znacht
- Vesper

3

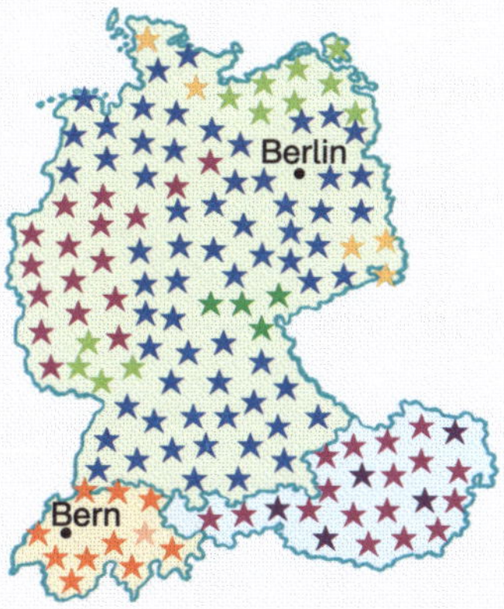

Kartoffelbrei
- Kartoffelbrei
- Erdäpfelbrei
- Kartoffelpüree
- Erdäpfelpüree
- Püree
- Stampfkartoffeln
- Kartoffelstampf
- Stampf
- Stampes
- Kartoffelstock
- Erdäpfelstock
- Stocki
- Kartoffelmus
- Mauke

4

Brötchen (rund)
- Brötchen
- Brötli
- Brötla
- Kaiser(brötchen)
- Semmel
- Semmerl
- Weck
- Weck(er)le
- Weggli
- Schrippe
- Laabla
- Mütschli
- gibt es am Ort so nicht

In Berlin landet der (1) ____________ im Kompost. Zum (2) ____________ essen manche Leute einen Teller voll (3) ____________ mit Soße oder ein belegtes (4) ____________.

In Bern landet der (1) ____________ auch im Kompost. Zum (2) ____________ essen manche Leute einen Teller voll (3) ____________ mit Soße oder ein belegtes (4) ____________.

 Quellenangabe zu den Schaubildern: https://www.atlas-alltagssprache.de

Wörter mit chs, cks, ks und x Ⓜ

1 Markiere die Wörter mit **chs**, **cks**, **ks** und **x**. Schreibe sie in die Tabelle.

A	T	Y	T	R	I	C	K	S	E	N	L	I	B	E	D	O	B	U	F	S	W
H	J	F	A	A	B	D	E	F	G	I	I	M	T	R	E	I	O	F	S	U	Z
J	M	I	X	E	N	J	A	B	A	X	T	L	L	M	N	O	X	P	T	P	U
Q	R	T	I	U	A	V	K	W	Y	E	Z	W	E	C	H	S	E	L	N	A	F
K	B	D	E	F	C	G	L	I	J	L	M	N	X	O	P	Q	N	R	M	N	T
E	R	W	A	C	H	S	E	N	A	G	F	E	I	D	B	O	A	R	Q	P	O
K	H	U	B	J	W	O	C	T	V	A	W	Y	K	N	A	C	K	S	T	R	T
S	G	C	D	L	U	P	K	U	W	C	A	Z	O	D	B	H	A	U	L	Q	E
K	I	H	E	M	C	Q	S	A	C	H	S	E	N	E	F	S	W	V	I	P	X
S	T	S	F	N	H	R	E	L	Y	S	B	F	L	I	H	E	X	E	N	O	T
A	P	I	R	F	S	L	N	P	Z	E	D	E	F	G	I	J	L	M	K	N	E
S	I	T	T	U	L	M	S	E	T	L	U	C	H	S	P	P	I	K	S	E	N

chs Nachwuchs, ______________________________

____

cks ______________________________

ks ______________________________

x ______________________________

____

2 Schreibe einen lustigen Satz, der mindestens drei Wörter aus **1** enthält.

____

____

____

Wörter mit chs, cks, ks und x Ⓜ

1 Schreibe die Wörter aus der Wortfamilie **wechseln** passend. Ein Wort fehlt. Ergänze es.

auswechseln	Ballwechsel	wechselseitig
Seitenwechsel	eingewechselt	abwechslungsreich
Strategiewechsel	unverwechselbar	

Das Fußballspiel des SC Müllers Winkel gegen den SV Kattrop war in der ersten Halbzeit ziemlich ______________________ . Doch dann ordnete die Trainerin einen ______________________ an. Das führte nach dem ______________________ gleich zu Beginn der zweiten Halbzeit zunächst zu ______________________ Verwirrung unter den Spielerinnen. Doch diese legte sich bald und jede fand wieder zu ihrem ______________________ Spiel zurück. Ein spannender ______________________ folgte dem nächsten, doch keiner mündete in ein Tor. Und dann kam es auch noch zu einem bösen Foul. Doch kaum hatte die Trainerin die dabei verletzte Stürmerin nach einem kurzen ______________________ mit dem Schiedsrichter gegen eine unverbrauchte Spielerin ______________________ , kam die Erlösung. Die neu ______________________ Spielerin fackelte nicht lange, hielt auf das Tor zu und ballerte das Leder ins Tor. Hurra!

Verben mit der Endung -ieren

1 Verbinde.

Kopie	telefonieren	Marsch	stationieren
Telefon	summieren	Funktion	marschieren
Buchstabe	kopieren	Station	rasieren
Summe	buchstabieren	Rasur	funktionieren

2 Ergänze die passende Verbform mit der Endung **-ieren**.

Milo und Sami führen eine Diskussion über die Szenenabfolge in ihrem Film. – Sie diskutieren miteinander.

Naomi muss für eine Operation ins Krankenhaus. – Im Krankenhaus wird eine Ärztin Naomi ______________ .

Die Lehrerin wird den Abend mit der Korrektur der Aufsätze verbringen. – Sie wird die Aufsätze ______________ .

Papa kommt mit der Reparatur des Autos nicht voran. – Er muss es unbedingt ______________ , weil wir kein Geld für ein neues haben.

Die Reaktion des Trainers auf den Mannschaftsrekord war ziemlich zurückhaltend. – Er hätte ruhig etwas überschwänglicher ______________ können.

Die Explosion war bis in die Nachbarstadt zu hören. – Das ist nicht verwunderlich, wenn gleich drei Gastanks ______________ .

Verben mit der Endung -ieren

1 Ergänze jeweils das zum Verb mit der Endung **-ieren** passende Substantiv.

Papa hat sich heute Morgen seinen Bart abrasiert. Für die Rasur verwendete er das erste Mal einen Nassrasierer.

Heute haben wir in der Chemiestunde die ganze Zeit experimentiert. Ein ______________ ging leider schief, weil der Brenner nicht richtig funktionierte. Unser Chemielehrer hatte versäumt, seine ______________ vor der Anwendung zu überprüfen.

Mama hat gestern ihr Auto winterfest gemacht und die Winterreifen montiert. Selbstverständlich hat sie vor der ______________ die Profiltiefe der Reifen überprüft.

In den Hinterhöfen unserer Stadt werden viele unterschiedliche Waren fabriziert. In unserem Hof steht eine kleine ______________ für Ventilatoren. Dort produzieren sie auch die Elektromotoren, die sie für die ______________ der Ventilatoren benötigen.

Während der Ferien haben wir alle zusammen die Küche renoviert. Bei der ______________ fiel ziemlich viel Müll an. Diesen haben wir sortiert und dann nach ______________ getrennt entsorgt.

Die vier Fälle des Nomens

1 Frage nach den markierten Nomen. Unterstreiche die Fragewörter.

1. **Der Energiespartag** war ein voller Erfolg.

Wer oder was war ein voller Erfolg?

2. In der Früh hatten wir **die Mitmachstation** aufgebaut.

3. Das Interesse **des Publikums** war riesig.

4. Vor allem **den Kindern** gefielen unsere Informationen.

5. Sicherlich werden viele **den Tipps** folgen.

6. **Die Erde** muss einfach viel besser geschützt werden.

7. Wir werden auch zukünftig **die Energiespartipps** befolgen.

2 In welchen Sätzen hast du nach welchem Fall gefragt? Notiere die Satznummer.

Nominativ ____ Genitiv ____ Dativ ____ Akkusativ ____

 Sprachbuch Seite 64/65

Die vier Fälle des Nomens

1 Setze im ersten Abschnitt das Nomen **Sicherungskasten** und im zweiten Abschnitt das Nomen **Kinder** jeweils im richtigen Fall ein.

Heute fiel im Bootshaus der Strom aus.

Deshalb öffneten Oma und Milo

den Sicherungskasten ,

um zu überprüfen, ob eine Sicherung

rausgesprungen ist.

Auf ______________________

lag glücklicherweise eine Taschenlampe.

So konnten sie in deren Schein das Schloss ______________________

gut erkennen. „______________________ ist gut gesichert“, witzelte Milo.

Während Oma und Milo die Sicherung überprüften, spielten ____________ von der Dunkelheit unbeeindruckt weiter. Es schien ____________ zunächst egal zu sein, dass kein Licht brannte. Doch bald war die Geduld ____________ aufgebraucht und sie begannen zu murren. Schließlich konnte Oma ____________ aber beruhigen. „Wir haben den Fehler gefunden!“, rief sie erleichtert.

2 In welchem Fall stehen die eingesetzten Nomen in **1**?
Unterstreiche die Nomen in **1** in der passenden Farbe.

1. Fall, Nominativ	2. Fall, Genitiv	3. Fall, Dativ	4. Fall, Akkusativ

Wortstamm und Wortfamilie

1 Sortiere die Wörter nach Wortstämmen. Markiere jeweils den Wortstamm.

das Benehmen | bekämpfen | kämpferisch
wahrnehmen | die Handlung | die Standhaftigkeit
die Rücksichtnahme | die Beständigkeit | die Abhandlung
der Händler | die Kämpferin | der Wahlkampf | verhandeln
die Auferstehung | unwiderstehlich | entnehmen

Wortfamilie **nehmen**:

das Benehmen

Wortfamilie **kämpfen**:

Wortfamilie **handeln**:

Wortfamilie **stehen**:

2 Finde zu jeder Wortfamilie in 1 noch ein weiteres Wort.

Wortstamm und Wortfamilie

1 Manchmal verändert sich der Wortstamm. Schreibe die Wörter der Wortfamilie **binden** richtig auf. Markiere jeweils den Wortstamm.

Die Ver★ung zwischen Menschen ist oft sehr stark. Trotzdem kann auch eine innige Ver★enheit Risse bekommen. Gerade hatten Geschwister noch ein un★iges Vergnügen daran, sich gemeinsam gegen die Eltern zu ver★en, schon wird das Zweck★nis kurzerhand wieder aufgelöst.

In die mehr★ige Ausgabe des Wörterbuchs der deutschen Sprache ist am Ende auch ein Sachregister einge★den, um die über alle Wörterbuch★e verteilten Einträge miteinander zu vernetzen. Darauf wird auf dem Ein★ des ersten ★es hingewiesen. Wie alle Bücher, unterliegen auch Wörterbücher der Buchpreis★ung.

die Verbindung,

2 Finde möglichst viele Wörter, die zur Wortfamilie **denken** gehören.

Andacht,

Strategien anwenden

1 Verbinde. Schreibe die Wörter mit **ä** oder **äu** richtig auf. Markiere **ä/a** und **äu/au**.

l★stig	raten	
sie tr★gt	der Traum	
das R★tsel	das Haus	
er tr★mt	die Last	lästig
k★flich	tragen	
das H★schen	der Bauch	
h★sslich	kaufen	
das B★chlein	hassen	

2 Verlängere die Nomen, Verben und Adjektive und schreibe wie im Beispiel.

Das Ban [d] ist bun [t]. → viele bunte Bänder

sie gi [b] t → geben

Der Schla [ ] ist hefti [ ]. →

Der Hu [ ] ist run [ ]. →

er len [ ] t →

Der Kor [ ] ist gel [ ]. →

er schwei [ ] t →

Strategien anwenden

1 Finde zu jedem Wort mit **ä** oder **äu** ein verwandtes Wort mit **a** oder **au**.
Markiere **ä/a** und **äu/au**.

r★mlich — der Raum – räumlich

sch★rfen — ____________

der J★ger — ____________

ertr★glich — ____________

das H★hnchen — ____________

die Str★cher — ____________

2 Verlängere die Wörter und setze die fehlenden Buchstaben richtig ein.

Nachdem unser Energiesparta [g] so erfol [ ] reich war und viele Leute uns dafür gelo [ ] t hatten, beschlossen wir, künfti [ ] häufiger Aktionstage durchzuführen. In den Pausen überle [ ] ten wir, welche Themen noch spannen [ ] sein könnten und hielten die Erge [ ] nisse schriftlich fest. Letzten [ ] lich hatten wir eine Liste mit fünf guten Ideen. An erster Stelle stan [ ] eine „Tra [ ] einen Pullover mehr!“-Aktion, um Heizenergie einzusparen, wenn es im Winter draußen besonders kal [ ] sein wür [ ] e. Auch unsere Lehrerin fan [ ] die Idee sehr gu [ ] .

Strategien anwenden ⓦ Ⓐⓐ ⓘ ↪ Ⓜ

1 Markiere die sechs Fehler im Text. Male jeweils das passende Strategiezeichen ⓦ Ⓐⓐ ⓘ darüber. Schreibe den Fehlertext richtig auf.

Die schule hat ein neues Gebeude erhalten. Nun ist sie anlesslich der Eröffnung schön geschmückt. Alle freun sich darauf. Die Kinder wolln sich bei der Feier ein Pletzchen in der ersten Reihe sichern.

2 Markiere die sechs Fehler im Text. Male jeweils das passende Strategiezeichen ⓘ ↪ Ⓜ darüber. Schreibe die Wörter richtig auf.

Auf dem Baum for der Schule hat sich ein Fogel niedergelassen. Lustik zwitschert er ein Lietchen. Die Gereusche von der Straße hört niemant.

Strategien anwenden Ⓦ Ⓐⓐ Ⓥ Ⓜ

1 Markiere die vierundzwanzig Fehler im Text. Schreibe die Wörter nach Strategien geordnet richtig auf. Achtung: Musst du mehrere Strategien anwenden, schreibe das Wort zu allen Strategien.

Für unser umweltprojekt haben wir mer als tausent Euro Preisgelt erhaltn. Die kommission war überzeukt, dass unsere Ideen ser nachhaltik sind. Damit lesst sich richtig fiel Energie einsparen. Deshalb wurde unserer klasse der dritte Preis zuerkannt. Dabei waren die Teilnameregeln zufor sogar noch ferscherft worden und wir mussten mehrere seiten Formulare ausfülln, befor wir die Antrege entlich wegschicken konntn. Nun hat sich die ganze Mühe gelont. Die Klasse ist ganz aus dem Heuschen vor Freude.

Ⓐⓐ das Umweltprojekt, ______

______

Ⓦ ______

Ⓥ ______

↪ ______

______

Ⓜ ______

______

Das Futur

1 Unterstreiche im Text die Verbformen im Futur.

Wenn es mir sehr schlecht geht, dann träume ich davon, laufen zu können: Dann werde ich jeden Morgen fröhlich aufstehen. Ich werde meine Kleider ganz alleine anziehen. Anschließend werde ich frühstücken. Bevor ich zur Schule gehen werde, werde ich mir auch die Zähne putzen.

Auf dem Schulweg werde ich bei Grün über den Zebrastreifen springen und am Schultor werde ich fröhlich den Hausmeister begrüßen.

In der Pause werde ich mit den anderen Kindern Nachlaufen spielen. Ich werde jeden Tag glücklich darüber sein, laufen zu können.

2 Schreibe die Verbformen im Futur und im Präsens auf.

ich werde aufstehen – ich stehe auf

Das Futur

1 Erzähle, was du in der näheren und entfernteren Zukunft so alles machen möchtest. Die Wörter im Kasten dienen dir zur Anregung.

bald übermorgen nach der Grundschule
in zehn Jahren als Erwachsene
in den Ferien nächste Woche
irgendwann später

Zeitformen von Verben kennen

1 Präteritum, Perfekt, Präsens oder Futur? Schreibe die richtige Zeitform unter jeden Text.

In vielen, vielen Jahren werde ich in einem anderen Land leben und dort das ganze Jahr über Erdbeeren anbauen. Das wird ein Spaß werden, wenn ich mir jeden Tag den Bauch mit den süßen Früchten vollschlagen werde.

____

Damals fielen während der Ernte so viele Äpfel von den Bäumen, dass wir gar nicht wussten, wohin damit. Wir trugen unsere Fahrradhelme, damit wir keine Beulen bekamen, wenn einer der Äpfel uns auf den Kopf donnerte.

____

In der Früh hat Schnuffi beim Gassigehen ziemlich herumgetrödelt. Er hat an jeder Ecke angehalten und an den Spuren, die andere Hunde hinterlassen haben, herumgeschnüffelt. Deshalb habe ich auch meinen Schulbus verpasst.

____

Ich träume oft davon, einen Rekord im Traumtanzen aufzustellen und dann einen Pokal zu erhalten, den ich mir in mein Regal im Kinderzimmer stellen und jeden Tag anschauen kann.

____

2 Markiere in der passenden Farbe: Präteritum, Perfekt, Präsens, Futur.

er träumt	wir haben gegessen	du wirst schimpfen	
sie fütterte	ihr werdet springen	ich überlege	
sie vergaßen	ich bin verreist	er telefonierte	sie ist gerannt
wir werden aufhören	sie gehen	sie beantworteten	
ich bemühe	sie wird überraschen	es hat geregnet	

Verschiedene Zeitformen erkennen

1 Präteritum, Perfekt, Präsens oder Futur? Schreibe die richtige Zeitform hinter jeden Satz.

	Zeitform
Im Winter 2021/2022 war es sehr kalt in den Klassenzimmern.	Präteritum
Ich habe während des Unterrichts ziemlich oft gefroren.	
Wir mussten wegen der Ansteckungsgefahr durch Corona die Fenster offenlassen und einen Mund-Nasen-Schutz tragen.	
Manchmal trug ich über meinem dicken Wollpullover noch eine Jacke und einen Schal.	
Dann wiederum habe ich bei geschlossenen Fenstern geschwitzt.	
Ich mag heute gar nicht daran zurückdenken.	
Doch ab und an sprechen wir auch in der Klasse noch darüber.	
Für den nächsten Winter habe ich schon einen Plan gemacht.	
Ich werde mich jeden Tag nach dem Zwiebelschalensystem kleiden.	
Dann werde ich mich je nach Temperatur im Klassenzimmer immer blitzschnell an- oder ausziehen.	
Doch eigentlich wünsche ich das Coronavirus dahin, wo der Pfeffer wächst.	

Zusammengesetzte Nomen Aa

1 Zerlege die zusammengesetzten Nomen in ein Verb und ein Nomen.

der Nieselregen → nieseln + der Regen

die Schwimmnudel → ____

das Paddelboot → ____

die Gießkanne → ____

das Trinkwasser → ____

die Waschmaschine → ____

der Schluckspecht → ____

die Fließgeschwindigkeit → ____

2 Bilde aus den Adjektiven und Nomen zusammengesetzte Nomen.

Adjektive		
~~rot~~	hoch	
schnell	weit	
schwer	hart	
rund	falsch	weich

Nomen		
~~Licht~~	Fahrt	Laster
Platz	Straße	
Spielerin	Sprung	
Käse	Haus	

das Rotlicht, ____

____

____

____

Zusammengesetzte Nomen (Aa)

1 Zerlege die zusammengesetzten Nomen und schreibe sie passend in die Tabelle.

das ~~Nassfutter~~ | die Rennmaus | der Waschzwang
die Schwerkraft | das Fahrzeug | der Frischkäse
das Faultier | das Lesebuch | die Schnellstraße
der Dickdarm | die Laufzeit | die Fehlstunde

Adjektiv + Nomen	Verb + Nomen
nass + das Futter	

2 Bilde aus den Adjektiven, Verben und Nomen möglichst viele zusammengesetzte Nomen.

Adjektive	Verben	Nomen
~~alt~~ jung blind falsch bunt	singen fahren kaufen liegen lesen	Stunde Brille Preis ~~Stadt~~ Vogel Papier Geld Flug Stuhl

die Altstadt,

Wörter sinnvoll und richtig trennen

1 Schreibe die Wörter passend in die Kästchen.
Markiere jeweils den Trennstrich für eine sinnvolle Trennung.

~~Katzenfutter~~ Robbenbaby Hundekuchen Pferdehalfter
Elefantenrüssel Affenschaukel

Kat – zen – fut – ter ___ – ___ – ___ – ___

___ – ___ – ___ – ___ ___ – ___ – ___ – ___

___ – ___ – ___ – ___ – ___ ___ – ___ – ___ – ___

2 Wie oft kannst du die folgenden Wörter trennen? Schreibe sie mit Trennstrichen in die Tabelle.

~~Sommer~~ aufgegessen Aufgabe golden Gebäude
Taste ankündigen witzig Entsetzen
erleben Technikmuseum bescheiden Stadtmusikanten
Tageszeitung mittags Antwortschreiben tanken

ein Trennstrich: Som-mer, ______

______

zwei Trennstriche: ______

______

drei Trennstriche: ______

______

vier Trennstriche: ______

Wörter sinnvoll und richtig trennen

1 Schreibe die beiden Texte passend in die Zeilen. Trenne jeweils am Ende der Zeilen.

Wenn ich groß
bin, möchte ich
Postzustellerin werden.
Mit einem Postauto
werde ich Briefe, Warensendungen und
Postpakete zustellen. Viele Menschen
werden sich darüber freuen, dass ich
bei ihnen vorbeikomme.

Wenn ich groß bin, möchte
ich Fahrkartenkontrolleur
bei der Deutschen Bahn
werden. Ich werde viel
herumkommen in unserem schönen
Land und dabei jeden Tag aufs Neue
interessante Menschen kennenlernen.

Wenn ich groß bin,
möchte ich Post|zu|stel-
le|rin werden.

2 Markiere in den Wörtern in **1**, die du getrennt hast, jeweils mit einem senkrechten Strich, wo du die Wörter noch hättest trennen können.

Wörter mit Doppel-s und ß

1 Ergänze Doppel-s, wenn der Selbstlaut kurz klingt, und **ß**, wenn der Selbstlaut lang klingt. Markiere jeweils den kurz klingenden Selbstlaut mit einem •, den lang klingenden mit einem –.

Ki ___ en   Fü ___ e   Gie ___ kanne   Ku ___

Flo ___   Ra ___ el   e ___ en   drau ___ en   Gebi ___

Blumenstrau ___   hä ___ lich   aufspie ___ en   rei ___ en

Ka ___ e   verge ___ en   Gefä ___   verschlie ___ en

2 Immer ein Wort passt zu einem Wort aus **1**. Schreibe die verwandten Formen passend in die Lücken.

vergaß	abgeschlossen	zubeißen	goss	aß

Ohne Zähne konnte der alte Mann nicht mehr ________________.

Deshalb passte die Zahnärztin ihm ein ________________ an.

Nun ________ er nicht mehr nur Suppe, sondern konnte

wieder alles ________________. Er ________________ auch nie, die neuen Zähne

gründlich zu putzen. Seine Brille zu putzen hatte er dagegen schon häufig

________________. Wenn er dann die Topfpflanzen ____________, traf er mit der

________________ nicht immer den Topf. Aber er vergaß nie, die Wohnung

hinter sich zu ________________ und vergewisserte sich oft zweimal, ob die

Tür auch wirklich ________________ war, wenn er zum Einkaufen ging.

Wörter mit Doppel-s und ß

1 Setze die Verben jeweils in der passenden Verbform in den Text ein.

beißen | müssen | schießen | zubeißen | verschließen | losreißen | vergessen | wissen | zubeißen

Gesine wurde von einem Hund ____________.

Der Besitzer hatte nicht einmal ____________, ihn anzuleinen. Nein, der große Hund hatte sich einfach ____________, als er einen Augenblick unaufmerksam war. Glücklicherweise hatte der Hund nicht sehr fest ____________. Trotzdem ________ Blut von Gesines Arm herab und tropfte auf ihre Schuhe. Sie weinte bitterlich. „Ich ________ gerade nicht, wo mein Smartphone steckt“, schluchzte sie unter Tränen, „damit ich meinen Papa anrufen kann.“ „Du ________ sofort ins Krankenhaus!“, rief der Hundehalter aufgeregt und wählte den Notruf. Wie ein Blitz ____________ kurz darauf der Rettungswagen um die Ecke. Die Notärztin reinigte die Wunde zunächst, desinfizierte sie dann und ____________ sie am Ende mit einer sterilen Wundkompresse. „Da hast Du aber Glück gehabt, dass der Biss nicht tiefer war“, sagte sie zu Gesine und dann streng zum Hundehalter: „Und Sie sollten vielleicht einen Hundehalterführerschein machen!“

Doppelter Mitlaut am Wortstammende ↪

1 Verlängere die Verben. Markiere den doppelten Mitlaut und den kurzen Selbstlaut davor.

sie rennt ↪ rennen

er kommt ↪ ______

sie küsst ↪ ______

ihr schwimmt ↪ ______

sie kippt ↪ ______

ihr kennt ↪ ______

du sollst ↪ ______

du beginnst ↪ ______

2 Setze die Verben passend ein. Markiere den doppelten Mitlaut und den kurzen Selbstlaut davor.

Mama knallt genervt die Haustür zu, als sie — kna★en

nach Hause ______ . Zuvor war sie mit dem — ko★en

Auto langsam in die Einfahrt ge ______ und — ro★en

hatte es vor statt in der Garage abge ______ . — abste★en

„Wo seid ihr alle?“, ______ sie durchs Treppenhaus. — brü★en

„Warum ______ sich das Garagentor nicht öffnen?“ — la★en

Das Baby ______ gefolgt von Papa und Emil — kra★eln

aus dem Kinderzimmer heraus. Papa grinst zunächst

und erklärt dann: „Wenn der Strom ______ , — ausfa★en

dann ______ du auch das Garagentor nicht mehr — kö★en

mit der Fernbedienung öffnen.“ Nun ______ auch Mama lachen. — mü★en

Sprachbuch Seite 81

Doppelter Mitlaut am Wortstammende ↪

1 Verlängere die Verben in den zusammengesetzten Nomen. Ergänze dann die fehlenden doppelten Mitlaute.

Bru mm bär	↪ ________	Re ▢ wagen	↪ ________
Ra ▢ zahn	↪ ________	Scha ▢ schutz	↪ ________
Ste ▢ platz	↪ ________	Pi ▢ wand	↪ ________
Sto ▢ uhr	↪ ________	Schnu ▢ bart	↪ ________
Schwi ▢ gürtel	↪ ________		

2 Verlängere im Kopf und ergänze jeweils den doppelten Mitlaut.

Im Sommer gehen wir so ▢ tags meist auf den Gri ▢ platz. Dann ste ▢ t Oma unseren Gri ▢ auf, während Papa das mobile Netz aufspa ▢ t und die Familie sofort mit dem Federba ▢ spiel begi ▢ t. Nur Oma ka ▢ sich meist nicht dazu durchringen, mitzuspielen. Lieber gri ▢ t sie für uns die Würstchen und richtet sie auf einem Holzbre ▢ an. Wenn uns dann der Magen knu ▢ t und wir komple ▢ schla ▢ sind, sind unsere Becher schon mit Saft gefü ▢ t und alles steht bereit für den So ▢ tagsschmaus.

Das Dativobjekt

1 Schreibe zu jeder Antwort die passende Frage mit **„Wem …?“**.
Markiere anschließend das Dativobjekt.

Dem Kind gefällt das Märchenbuch.

Wem gefällt
das Märchenbuch?

Das Buch gehört seiner Großmutter.

Die Großmutter liest ihrer Enkelin
ein Drachenmärchen vor.

Im Märchen droht ein böser Zauberer einem kleinen Jungen.

Doch ein Drache eilt herbei und droht dem Zauberer mit seinem Feueratem.

Der Zauberer gehorcht dem Drachen und verschwindet.

Am Ende dankt das Kind dem freundlichen Drachen.

Das Dativobjekt

1 Markiere in den Sätzen das Kästchen mit dem Dativobjekt, das du mit der Frage **„Wem …?"** ermittelt hast. Achtung: Nicht in jedem Satz ist ein Dativobjekt vorhanden.

Der freundliche Drache | half | dem Jungen | gegen den Zauberer .

Davon | erzählt | der Junge | zuhause | seiner Mutter .

„ Erzähle | mir | noch mehr | davon !", | sagt | die Mutter .

„ Im Wald | begegnete | ich | einem bösen Zauberer ", | erzählt | der Junge .

„ Der Drache | hat | ihn | glücklicherweise verjagt ."

Die Mutter | möchte | dem Drachen | danken .

Lange | denkt | sie | darüber | nach .

Schließlich | bäckt | sie | ihm | einen Kuchen .

Diesen | bringt | der Junge | seinem Retter | in den Wald .

Dem Drachen | schmeckt | der Kuchen | sehr gut .

Deshalb | gibt | er | dem Jungen | den Auftrag , | seiner Mutter | zu danken .

Das | macht | der Junge | gerne .

Sprachbuch Seite 88

Das Akkusativobjekt

1 Schreibe zu jeder Antwort die passende Frage mit **„Wen oder was ...?“**. Markiere anschließend das Akkusativobjekt.

Die Kinder haben ein Boot gebaut.

Wen oder was haben die Kinder gebaut?

Morgen will Opa das neue Boot besichtigen.

Das Boot hat ein buntes Segel.

Heute kauft Opa einige Flaschen Apfelsaft ein.

Mit dem Apfelsaft will er das Boot taufen.

Den restlichen Apfelsaft sollen die Kinder austrinken.

Papa wird einen Birnenkuchen mitbringen.

Das Akkusativobjekt

1 Markiere in den Sätzen das Kästchen mit dem Akkusativobjekt, das du mit der Frage „**Wen oder was ...?**“ ermittelt hast. Achtung: Nicht in jedem Satz ist ein Akkusativobjekt vorhanden.

Alle | hatten | viel Spaß | bei der Bootstaufe .

Opa | warf | die Apfelsaftflasche | dreimal | vergeblich .

Erst | beim | vierten Mal | ging | sie | kaputt .

Nach der Bootstaufe | aßen | die Kinder | Birnenkuchen .

Schließlich | setzten | einige | das Segel | und | segelten davon .

Die anderen Kinder | blieben | am Ufer | zurück | und | räumten | das Bootshaus | auf .

Dabei | fanden | sie | ein altes Steuerrad .

„ Wollen | wir | das Steuerrad | bunt anmalen ?“, | fragte | Papa .

Die Idee | gefiel | den Kindern .

Papa | besorgte | Pinsel und Farben | im Baumarkt .

Die Kinder | malten | das Rad | blau, gelb und orange | an .

Danach | hängte | Opa | es | an die Wand des Bootshauses .

Satzglieder bestimmen

1 Mit welcher Frage kannst du welches Satzglied bestimmen? Verbinde.

Wer oder was? Wem? Was tut? Wen oder was?

Prädikat Akkusativobjekt Subjekt Dativobjekt

2 Frage in jedem Satz nach dem unterstrichenen Satzglied.

Die ganze Klasse erarbeitet eine Klassenzeitung.

Wen oder was erarbeitet die ganze Klasse?

Ela schreibt einen Bericht über das letzte Klassenfest.

Sami hilft ihr beim Illustrieren.

Milo entwirft das Cover der Klassenzeitung.

Von der Bootshausrenovierung berichtet Mila.

Für einen Euro soll die Klassenzeitung verkauft werden.

Satzglieder bestimmen

1 In jedem Satz fehlt ein Satzglied. Erfrage es und schreibe die Sätze dann vollständig auf. Unterstreiche das Satzglied, das du ergänzt hast, in der passenden Farbe.

Wer oder was?	Was tut?	Wem?	Wen oder was?

die Lehrerin überreicht den Kindern

Die Lehrerin überreicht den Kindern die neue Klassenzeitung.

ist sehr schön bunt geworden

die Kinder sofort in der Klassenzeitung

die Gruselgeschichte gefällt gut

auch lesen die meisten Kinder

die Klasse sehr zufrieden mit dem Ergebnis ihrer Arbeit

ein Exemplar der Zeitung möchte Naomi schenken

Kleine Merkwörter üben Ⓜ

1 Schreibe die kleinen Merkwörter richtig auf.

mehr,

mehr ihr
wir ob trotzdem
ähnlich vielleicht
jetzt dann
obwohl bald
mir sehr
niemand

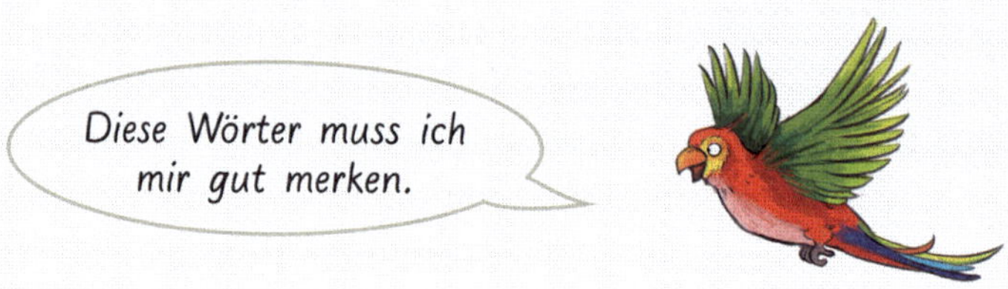

2 Schreibe mit sechs Merkwörtern aus **1** jeweils einen kleinen Satz.

Die Sonne scheint nicht mehr.

 Sprachbuch Seite 91

Kleine Merkwörter üben Ⓜ

1 In jedem Satz ist die Stolperstelle in einem Merkwort markiert. Finde jeweils das Merkwort mit derselben Stolperstelle und markiere diese ebenfalls.

Obwohl es nieselt, verlässt Naomi das Haus ohne Regenjacke.

Sie hofft, dass es vielleicht gar nicht so viel regnen würde.

Auf dem Spielplatz trifft sie ihre Freundin Sarah, die ebenfalls ihre Regenjacke zuhause gelassen hat.

„Ich habe schon eine halbe Stunde erfolglos vor dem Spielplatz auf dich gewartet, bevor du endlich gekommen bist“, mault Sarah.

„Lass uns lieber Tee trinken und von Sonne und Meer träumen, als sauer aufeinander zu sein“, schlägt Naomi vor.

„Am Sonntag fahre ich mit der ganzen Familie übrigens in die Stadt, um meine Großmutter zu besuchen“, erzählt sie ihrer Freundin.

„Irgendwann hatte ich auch mal eine Oma“, erinnert sich Sarah, „aber irgendwie ist meine Erinnerung an sie schon total verblasst.“

„Ich könnte dir ja eine unserer Omas ausleihen“, lacht Naomi, „wir haben nämlich drei.“

„Was?“, fragt Sarah ungläubig und fügt hinzu: „Das kann ich ja kaum glauben.“

Merkwörter mit langem i Ⓜ

1 Finde alle Wörter mit langem **i**. Markiere sie.

A	L	D	E	M	R	T	U	G	H	B	E
L	S	S	K	A	N	I	N	C	H	E	N
D	T	P	Q	A	N	G	N	V	M	O	J
I	R	Q	I	S	D	E	J	A	W	V	C
N	I	L	P	F	E	R	D	M	Y	C	I
O	A	R	G	K	L	O	F	P	W	A	B
O	R	E	F	H	F	C	Z	I	X	I	A
K	S	P	A	B	I	B	E	R	Z	G	G
R	O	R	I	M	N	E	B	P	A	E	L
N	T	E	K	R	O	K	O	D	I	L	A

2 Schreibe die Wörter aus Aufgabe **1** mit ihrem bestimmten Artikel auf. Markiere das lange **i**.

der Dino, ______________________________

____

____

3 Wer isst was? Setze die Wörter passend ein.

Praline | Rosinen | Margarine | Mandarinen

 Papageien essen gerne ______________.

 Ela schält sich in der Pause gerne eine ______________.

 Oma streicht sich meist ______________ aufs Brot.

 Onkel Gerd gönnt sich jeden Abend eine ______________.

Merkwörter mit langem i Ⓜ

1 Löse das Rätsel.

Sie zieht viele Waggons hinter sich her: ☐☐☐☐☐☐☐☐☐☐

Ein verfallenes Haus: ☐☐☐☐☐

Sie schützt vor neugierigen Blicken: ☐☐☐☐☐☐☐

Es wird in den Tank des Autos gefüllt: ☐☐☐☐☐☐

Beim Springen fliegst du hoch in die Luft: ☐☐☐☐☐☐☐☐☐

Durch ihn steigt Rauch nach oben: ☐☐☐☐☐

Unmengen an Schnee stürzen ins Tal: ☐☐☐☐☐☐

Lösungswort: ☐☐☐☐☐☐☐

2 Bilde mithilfe der Verben zusammengesetzte Nomen mit **Maschine**. Schreibe sie auf. Markiere das lange **i**.

bauen	spülen	dampfen	waschen	bohren

Baumaschine, ______

______

3 Setze passend ein: **mir**, **dir**, **wir**.

„Meine Tante hat ______ ein Computerspiel geschenkt. Ich könnte es ______ mal ausleihen. Doch ______ können auch zusammen damit spielen, wenn du möchtest.“  „Ich würde lieber etwas anderes mit ______ machen. Du könntest zum Beispiel mit ______ in den Park gehen. Dort könnten ______ üben, über die Slackline zu laufen.“

Sprachbuch Seite 92

Das silbentrennende h

1 Ergänze die fehlenden Verbformen. Markiere das silbentrennende **h**.

du	nähst	er/sie/es	näht	Sie	nähen	eine Hose.
du		er/sie/es	sieht	Sie		weiße Mäuse.
du		er/sie/es	geht	Sie		zur Schule.
du		er/sie/es		Sie	sprühen	Funken.
du	drehst	er/sie/es		Sie		einen Film.
du		er/sie/es	mäht	Sie		die Wiese.
du	ruhst	er/sie/es		Sie		sich aus.
du		er/sie/es	kräht	Sie		am Morgen.

2 Finde in den Zusammensetzungen alle Nomen mit **h** am Ende.
Schreibe sie auf und verlängere sie.

Ein Wasserfloh hüpft über den See. Am Ufer des Sees stillt eine Hirschkuh ihren Durst. Ein Rehkitz springt über die Wiese. Auf einem Stein sitzend hat ein Mann seinen Wanderschuh ausgezogen.

der Floh – die

Das silbentrennende h hörbar machen

1 Setze die Verben passend ein. Markiere das silbentrennende **h**.

~~fliehen~~ • drehen • leihen • glühen • mähen • sehen

Als Flieh kraft wird eine Kraft bezeichnet, die bei Kreisbewegungen und ______ bewegungen auftritt.

Ein ______ drescher ist eine landwirtschaftliche Erntemaschine.

Vor allem weibliche ______ würmchen leuchten während der Paarungszeit, um einen Partner anzulocken.

Bei einem ______ test wird zum Beispiel geprüft, wie scharf eine Person sehen kann.

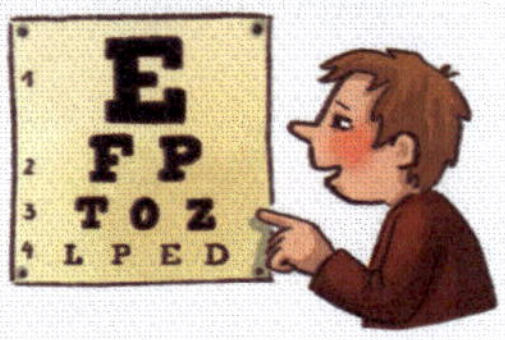

Ein ______ wagen ist ein Fahrzeug, das von einer Firma an andere Personen oder Firmen vermietet wird.

Bei einem ______ bleistift lässt sich die Bleistiftmine mit einem Mechanismus immer weiter nach vorne schieben.

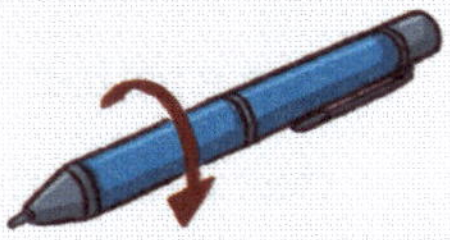

2 Finde zu den markierten Wörtern Verlängerungen und setze sie passend ein.

drehbar Der rostige Schlüssel ließ sich im Schloss nicht ______.

Frohsinn In den Ferien verlebten sie viele ______ Stunden.

mühsam Er gab sich bei den Hausaufgaben viel ______.

Ortsangaben

1 Schreibe zu jeder Antwort die passende Frage mit **Wo?**, **Wohin?** oder **Woher?** Markiere anschließend die Ortsangabe.

Die Kinder fahren zum Bootshaus.

Wohin fahren die Kinder?

Vor dem Bootshaus stellen sie ihre Fahrräder ab.

Milo holt die runde Picknickdecke aus dem Bootshaus.

Ela breitet sie auf dem Holzdeck aus.

Alle haben etwas aus ihrem Kühlschrank mitgebracht.

Sie stellen den Saft, den Käse, die Weintrauben und den Pudding in die Mitte der Picknickdecke.

Dann setzen sich die Kinder an den Rand der Decke.

 Sprachbuch Seite 100

Ortsangaben

1 Markiere in den Sätzen das Kästchen mit der Ortsangabe, die du mit der Frage **Wo?**, **Wohin?** oder **Woher?** ermittelt hast. Schreibe jeweils das Fragewort hinter den Satz. Achtung: Nicht jeder Satz enthält eine Ortsangabe.

Opa | möchte | ein E-Bike | im Fahrradgeschäft | kaufen . Wo?

Im Fahrradgeschäft | berät | ihn | eine Fachverkäuferin . ______

Opa | kauft | das grüne E-Bike mit dem starken Akku . ______

Die Verkäuferin | hebt | das Rad | auf die Fahrradsäule . ______

Sie | nimmt | einen Schraubendreher | aus dem Regal . ______

Dann | zieht | sie | an den Rädern | alle Schrauben | fest . ______

„ Wie lange | dauert | das | noch ?“, fragt | Opa . ______

An der Kasse | bezahlt | Opa | mit seiner EC-Karte . ______

Bevor | er | losfährt, | muss | der Fahrradhelm | waagerecht | auf dem Kopf | sitzen . ______

Schließlich | fährt | Opa | mit dem neuen E-Bike | zum See .

______

Zeitangaben

1 Schreibe zu jeder Antwort die passende Frage mit **Wann?**, **Wie lange?** oder **Wie oft?** Markiere anschließend die Zeitangabe.

In den Ferien sind die Kinder jeden zweiten Tag am See.

Wie oft sind die Kinder in den Ferien am See?

Mindestens einmal in der Woche ist Oma auch dabei.

Häufig wartet sie schon vor dem Bootshaus auf die Kinder.

Sie bringt fast immer Leckereien mit.

Die Kinder spielen den ganzen Nachmittag am See.

Manchmal merken sie gar nicht, wie die Zeit verging.

Abends fahren sie müde wieder nach Hause.

Zeitangaben

1 Markiere in den Sätzen das Kästchen mit der Zeitangabe, die du mit der Frage **Wann?**, **Wie lange?** oder **Wie oft?** ermittelt hast. Schreibe jeweils das Fragewort hinter den Satz. Achtung: Nicht jeder Satz enthält eine Zeitangabe.

Heute Mittag | will | Oma | zum Bootshaus | fahren . Wann?

Sie | möchte | dann | einen Karottenkuchen | mitnehmen . ______

Die Backzeit | beträgt | ungefähr eine Stunde . ______

Leider | dauert | Karotten zu schälen | stundenlang . ______

Doch | Oma | bäckt | jede Woche | einen Karottenkuchen . ______

Sie | weiß , | dass | die Kinder | sich | darauf | freuen . ______

Alle zehn Minuten | schaut | Oma | ungeduldig | auf die Uhr . ______

Um 11.00 Uhr | ist | der Kuchen | fertig . ______

Oma | stellt | den Kuchen | vorsichtig | in den Fahrradkorb . ______

Pünktlich um 12.00 Uhr | kommt | sie | beim Bootshaus | an . ______

Werbewörter und Werbesprüche

1 Ergänze die Werbesprüche mit den passenden Werbewörtern.

~~Oberflausch~~ cool Knisterspannung crunchy megabreit Power

Flausch, flauscher, Oberflausch !

Fruchtige ________________ für dich!

Superflach und ________________ !

________________ am laufenden Band!

Soooooooooooo ________________ !

Immer ________________ unterwegs!

Werbewörter und Werbesprüche

1. Wähle zwei Gegenstände aus. Gestalte zu jedem Gegenstand eine Werbeanzeige mit einem treffenden Werbespruch.

Redewendungen

1 Zeichne zu jeder Redewendung ein passendes Wortbild.

jemanden auf den Arm nehmen

da steckt der Wurm drin

einen Frosch im Hals haben

Haare auf den Zähnen haben

 Sprachbuch Seite 103

Redewendungen

1 Setze passend ein. Löse das Rätsel.

 Teppich ~~Haut~~  Wassern

 Beinbruch 

aus der	H	A	U (6)	T	fahren

mit jemandem unter einer			(2)			stecken

nicht mehr alle			(1)				im Schrank haben

auf dem						(7)		bleiben

die					(3)		im Dorf lassen

mit allen		(5)						gewaschen sein

aus einer Mücke einen		(4)								machen

jemandem Hals- und									(8)	wünschen

Trage hier das Lösungswort ein:

	1	2	3	4	5	6	7	8	
auf dem									stehen

Sprachbuch Seite 103

Strategien anwenden Ⓜ

1 Markiere alle Merkwörter. Ordne sie passend zu.
Achtung: Bei zwei Wörtern passen zwei Strategien. Schreibe das Wort dann zu beiden möglichen Merkstellen.

Apfelsine Kissen Hase kehren 

laufen Spaß 

Wunsch vorschlagen

Brotlaib Sahne Moos Beet dreißig

Ventil kippen  Träne giftig Ähre

 Brombeere wünschen Saite Kurve

Ⓜ mit langem i: Apfelsine, ____

Ⓜ mit stummem h: ____

Ⓜ mit Doppelvokal: ____

Ⓜ mit V/v: ____

Ⓜ mit ai: ____

Ⓜ mit ß: ____

Ⓜ mit ä: ____

Strategien anwenden Ⓜ

1 In den Texten haben sich unterschiedlich viele Fehler eingeschlichen. Unterstreiche die Fehlerwörter und schreibe sie richtig auf. Markiere die Merkstelle.

Heute Mittag gab es Suppe mit Klösen. Fast hätte Papa fergessen, die Suppe zu salzen. Aber Lisa hätte das vermutlich gar nicht gemerkt, denn sie hatte einen Berenhunger.

Klößen,

Die Kinder furen mit den Rollern am Seniorenheim vorbei. Selbstferständlich grüssten sie dabei die alten Leute, die auf einer Bank in der Sonne sassen.

Ein Daks kam aus dem Dickicht geschossen. Opa bremste im letzten Augenblick. Vor lauter Schreck standen im alle Hare zu Berge

Die Maschiene konnte nicht mer repariert werden. Der Mechaniker hatte ekstra ein Reparaturwideo angeschaut. Am Ende gab er föllig verzweifelt auf.

Deutsch mit Olli 4

Sprachbuch

Arbeitsheft

BASIS | PLUS

Erarbeitet von:	Christine M. Kaiser
Redaktion:	Julia Kluge
Illustration:	Sandra Reckers, Petra Eimer, Christian Bartz, Axel Nicolai
Umschlaggestaltung:	Corinna Babylon und Jule Kienecker, Berlin
Umschlagillustration:	Petra Eimer (Papagei) und Christian Bartz
Layoutkonzept:	Cornelia Gründer, Corngreen GmbH, Leipzig
Technische Umsetzung:	Reemers Publishing Services GmbH, Krefeld
Tonstudio:	Studio Wort, Berlin
Sprecherinnen und Sprecher:	Marianne Graffam, Oliver Nitsche
BOOKii-Funktion:	Lizenz BOOKii Tessloff Verlag Ragnar Tessloff GmbH & Co. KG, Nürnberg http://www.tessloff.com BOOKii® ist eine eingetragene Marke des Tessloff Verlags, Nürnberg

www.cornelsen.de

1. Auflage, 2. Druck 2025

Alle Drucke dieser Auflage sind inhaltlich unverändert
und können im Unterricht nebeneinander verwendet werden.

Druck: H. Heenemann, Berlin

ISBN 978-3-464-80258-8

ISBN 978-3-464-80759-0 (Lösungsdownload)

PEFC
PEFC/04-31-1156

PEFC-zertifiziert
Dieses Produkt stammt aus nachhaltig bewirtschafteten Wäldern
www.pefc.de

Deutsch mit Olli 4

Testheft

Name:

Klasse:

Cornelsen

1 Welche Beschreibung passt? Verbinde.

Verben	Diese Wörter beschreiben, wie jemand oder etwas ist.
Adjektive	Mit diesen Wörtern kann man verschiedene Zeiten ausdrücken. Sie beschreiben, was Menschen, Tiere oder Dinge tun.
Nomen	Diese Wörter können bestimmt oder unbestimmt sein. Sie begleiten Nomen.
Artikel	Diese Wörter ersetzen Nomen.
Pronomen	Diese Wörter schreibt man immer groß. Sie können konkret oder abstrakt sein.

(5x1 P.)
5 Punkte

2 Verbinde mit der passenden Wortart.

EINE, DAS, DIE, EIN, DAS	Pronomen
DU, IHR, ES, WIR, SIE, ER	Artikel
LUSTIG, FREUNDLICH, KURZ	Verben
WINTER, SCHNEE, KÄLTE	Adjektive
LESEN, BADEN, WANDERN	Nomen

(5x1 P.)
5 Punkte

3 **Der**, **die** oder **das**? Schreibe die passenden Artikel zu den Nomen.

_______ Haus, _______ Tür, _______ Tisch, _______ Wand,

_______ Garten, _______ Tor, _______ Boot, _______ Anker,

_______ Muschel, _______ Segel, _______ Burg, _______ Sand

(12x0,5P.)
6 Punkte

Themen: 1/2: Wortarten 3: Bestimmte Artikel

4 Steigere die Adjektive.

leicht, ____________, am ____________

groß, ____________, am ____________

gut, ____________, am ____________

gesund, ____________, am ____________

(8x1 P.)
8 Punkte

5 Schreibe die Verben in allen Personalformen auf.

ich lerne, du ____________, er/sie/es ____________, wir ____________,

ihr ____________, sie ____________ / ich laufe, du ____________,

er/sie/es ____________, wir ____________, ihr ____________, sie ____________

(10x1 P.)
10 Punkte

6 Bilde zu jedem Verb das Präteritum.

kaufen – ich kaufte; lesen – wir ____________; singen – du ____________;

brennen – es ____________; sein – ich ____________; bitten – ihr ____________;

beißen – er ____________; fahren – du ____________; biegen – ich ____________

(8x1 P.)
8 Punkte

7 Verbinde die Pronomen mit den passenden Wortgruppen.

er	der Krankenpfleger
sie (Einzahl)	das Eichhörnchen
es	mein bester Freund und ich
wir	du und deine Nachbarin
ihr	die Fußbälle
sie (Mehrzahl)	die Musiklehrerin

(6x1 P.)
6 Punkte

8 Unterstreiche die fett gedruckten Wörter in der passenden Farbe: Nomen, Verben, Adjektive und Pronomen.

Ein **Hund rennt fröhlich** über die **Wiese**. Plötzlich **bellt er laut**. Hinter einer **Hecke steht** ein **kleines Reh**. **Es schaut kurz** und **läuft** dann in den **Wald**.

(16x0,5P.) 8 Punkte

---

9 Unterstreiche die Redebegleitsätze.

Mia fragt: „Opa, backst du heute einen Kuchen?"
„Vielleicht später", antwortet Opa. Mia bittet: „Ach Opa, bitte jetzt, ich helfe dir auch." „Ich muss doch noch Oma vom Bahnhof abholen", sagt Opa. Mia schlägt vor: „Aber das kann doch auch Mama machen."

(5x1 P.) 5 Punkte

---

10 Setze die passenden Satz- und Redezeichen ein.

□ Wir gehen heute zum See. Kommst du mit □ □ □ fragt Milo.

□ Ja, klar! Ich hole nur vorher noch meine Schwimmsachen □ □ antwortet Emil.

□ Und bring doch deinen neuen Wasserball mit □ □ sagt Milo zu seinem Freund.

(10x0,5P.) 5 Punkte

---

11 Was bedeuten die Strategie-Symbole? Verbinde.

	Merkwörter
	Wörter ableiten
	Wörter großschreiben
	Wörter in Silben gliedern
	Wörter verlängern

(5x1 P.) 5 Punkte

12 Welche Wörter sind falsch geschrieben? Unterstreiche sie.

milo trifft sich heute mit sami im park. sie wollen sich ein eis kaufen. doch plötzlich zieht ein sturm auf. es fängt zu regnen an und die beiden jungen rennen nach hause.

(10x0,5P.) **5 Punkte**

---

13 Schreibe nur die Wörter mit drei Silben auf. Zeichne Silbenbögen.

____

____

(3x1 P.) **3 Punkte**

---

14 Markiere die verwandten Wörter mit den gleichen Farben.

Häuser	Bauarbeiter	rät	Hauswand	bauen	haltbar
häuslich	hält	raten	halten	Ratespiel	Gebäude

(12x0,5P.) **6 Punkte**

---

15 Schreibe die passenden Merkwörter in die Lücken.

Vogel	Fuchs	sehr	Sahne	ob	Mai

Der ________ hat rotes Fell. / Der ________ sitzt im Baum und piept.

Ich mag Kuchen mit viel ________. / Ein Monat im Frühling: ________

________ es wohl heute regnen wird? / Ich gehe ________ gerne schwimmen.

(6x1 P.) **6 Punkte**

---

16 **b** oder **p**? **d** oder t? **g** oder **k**? Fülle die Lücken aus.

der Hun__ der We__ der Urlau__ das Mikrosko__ der Schran__ das Ra__

das Bro__ der Kor__ die Han__ der Hu__ der Zwer__ das Geschen__

(12x0,5P.) **6 Punkte**

1 Schreibe die Verbformen im Präsens und im Präteritum zu den Grundformen.

denken: er ____________, er ____________; sein: ich ____________, ich ____________;

gehen: wir ____________, wir ____________; laufen: du ____________, du ____________;

müssen: es ____________, es ____________

(10x0,5P.)
5 Punkte

---

2 Schreibe die Verben im Perfekt.

er sang: er ____________, sie rief: sie ____________,

ich sah: ich ____________, es ging: es ____________,

wir lasen: wir ____________, du riefst: du ____________,

ihr trankt: ihr ____________, er riet: er ____________

(8x0,5P.)
4 Punkte

---

3 Kreise die abstrakten Nomen blau ein.

das Gefühl   der Wal   der Alptraum   die Idee   der Roller   die Liebe

der Tisch   der Wunsch   der Apfelbaum   die Zeit   die Tante

(6x0,5P.)
3 Punkte

---

4 Schreibe zu jedem Wort das passende Nomen mit **-heit**, **-keit**, **-nis** und **-ung**.

dunkel: die ____________   erlauben: die ____________

einladen: die ____________   sauber: die ____________

wild: die ____________   heiter: die ____________

erfahren: die ____________   trocken: die ____________

(8x0,5P.)
4 Punkte

---

5 Markiere die Artikelwörter und die zugehörigen Nomen.

Mein neuer Roboter ist ein tolles Spielzeug. Er hat mehrere lange Arme und viele bunte Lichter. Manche Lichter blinken im Dunkeln. Sein Kopf kann sich drehen. Diese besondere Fähigkeit hätte ich auch gerne!

(14x0,5P.)
7 Punkte

Themen: 1: Präsens und Präteritum 2: Präteritum und Perfekt 3: Abstrakte Nomen
4: Nomen mit -heit, -keit, -nis und -ung 5: Nomen/Artikelwörter erkennen

6 Baue den Satz um und bilde mit den Satzgliedern einen Aussagesatz und eine Frage.

Mila und Milo | fahren | schnell | mit ihrem Fahrrad | zur Schule .

____

____

____

(2x2 P.)
4 Punkte

7 Steigere die Adjektive.

lieb, ____________, am ____________; klein, ____________, ____________;

stark, ____________, ____________; gut, ____________, ____________

(8x0,5P.)
4 Punkte

8 Verwandle die Nomen in Adjektive mit **-ig**, **-lich** oder **-isch**.

Freund: ____________; Dreck: ____________; Dieb: ____________;

Natur: ____________; Sonne: ____________; Regen: ____________

(6x1P.)
6 Punkte

9 Verwandle die Verben und Nomen in Adjektive mit **-bar**, **-los** oder **-sam**.

sparen: ____________; essen: ____________; biegen: ____________;

Ende: ____________; Strafe: ____________; Geräusch: ____________

(6x1 P.)
6 Punkte

10 Setze die fehlenden Selbstlaute ein. Zeichne Silbenbögen.

die S__ndb__rg, die W__ss__rr__tt__, s__nn__g, die H__tz__,

(4x1 P.)
4 Punkte

11 Markiere alle Satzanfänge und Nomen.

DIE KINDER GEHEN INS SCHWIMMBAD. DAS WETTER IST GUT. UND ES SIND FAST KEINE WOLKEN AM HIMMEL.

(8x0,5P.)
4 Punkte

Themen: 6: Satzglieder umstellen 7: Mit Adjektiven vergleichen 8: Adjektive mit -ig, -lich, -isch 9: Adjektive mit -bar, -sam, -los
10: Strategien anwenden: Silben schwingen 11: Strategien anwenden: Satzanfänge/Nomen großschreiben

1 Unterstreiche das Prädikat rot und das Subjekt blau.

Die Sonne scheint. Die Kinder gehen zum See. Mila trägt die Picknickdecke. Die Badesachen sind im Korb verstaut. Die Freunde trällern ein Lied.

(10x0,5P.) **5 Punkte**

---

2 Unterstreiche die beiden Teile des Prädikats rot.

Mila holt Ela ab. Naomi kommt auch mit. Sie fahren zusammen los. Die Mädchen kaufen noch ein. Endlich kommen sie bei Sami an.

(10x0,5P.) **5 Punkte**

---

3 Markiere die passende Vorsilbe.

ent- / zer-	decken	er- / aus-	malen	über- / ein-	kaufen	vor- / um-	singen

(4x0,5P.) **2 Punkte**

---

4 **Weil** oder **denn**? Setze die passende Konjunktion ein.

Ela holt Emil ab, ______________ sie gehen heute zum neuen Spielplatz.

Sie freuen sich sehr, ______________ es viele neue Spielgeräte gibt.

Ela ist aufgeregt, ______________ die Rutsche sehr steil ist.

Man sollte schwindelfrei sein, ______________ der Kletterturm ist sehr hoch.

(4x1 P.) **4 Punkte**

---

5 **k** oder **ck**? **z** oder **tz**? Löse die Rätsel und setze passend ein.

Die ______________ führt über den Fluss. / Wenn es heiß ist, herrscht ______________. / Der Posbote bringt ein großes ______________. / Wenn es im Winter kalt ist, muss man im Haus die ______________ anstellen.

(4x1 P.) **4 Punkte**

---

6 Setze **lk**, **nk**, **rk** und **lz**, **nz**, **rz** passend ein.

das He___, der Vu___an, der A___er, die Pfla___e, die Gu___e, das Ho___, aufme___sam, der Ba___ken, versche___en, der Ra___en, Ku___, das Sa___

(12x0,5P.) **6 Punkte**

Themen: 1: Subjekt und Prädikat 2: Zweiteiliges Prädikat 3: Verben mit Vorsilben
4: Konjunktionen weil/denn 5: Wörter mit ck und tz 6: Wörter mit lk, nk, rk und lz, nz, rz

7 Schreibe die wörtlichen Reden mit eingeschobenen Redebegleitsätzen in der richtigen Reihenfolge auf. Die Verben helfen dir.

Naomi: „Ich glaube, dafür reicht unser Geld nicht."
Milo: „Wollen wir auch noch Süßigkeiten kaufen?"
Sami: „Und wir dürfen uns Popcorn kaufen."
Mila: „Juhu, wir dürfen ins Kino gehen!"

jubelt	antwortet
fragt	fügt hinzu

____

____

____

____

____

(4x2 P.) **8 Punkte**

8 Setze die lautmalerischen Verben passend ein.

piepen	zischen	grollen	flackern

Das Kerzenlicht ____________ . / Bei Gewitter hört man den Donner ____________ . /
Bei Gefahr ____________ Schlangen. / Der Vogel ____________ in seinem Nest.

(4x1 P.) **4 Punkte**

9 Schreibe die Wörter mit x-Laut.

 der F ____________

 der Kl ____________

 die N ____________

 der K ____________

(4x1 P.) **4 Punkte**

10 Schreibe zu jedem Nomen das passende Verb.

die Diskussion: ____________; die Kopie: ____________;
der Applaus: ____________; der Marsch: ____________

(4x1 P.) **4 Punkte**

1 Frage nach den fett gedruckten Nomen.

Der Hund bellt. ______

Der Ball gehört **dem Hund**. ______

Der Junge ruft **den Hund**. ______

Das Fell **des Hundes** ist struppig. ______

(4x1 P.)
4 Punkte

2 Kreise alle Wörter der gleichen Wortfamilie mit der gleichen Farbe ein.

lief wählerisch Lesebuch Läufer Wahlzettel lesbar sie liest

er schwamm Laufband wählen schwimmen Schwimmflügel

(12x0,5 P.)
6 Punkte

3 Markiere jeweils den Wortstamm. Immer ein Wort passt nicht. Streiche es durch.

Sinkflug singen gesunken	schießen er schloss abschließen	Stand Strand Stehplatz	Helfer hilfreich Heft

(16x0,5 P.)
8 Punkte

4 Verbinde und schreibe die Wörter mit **ä** oder **äu** richtig auf.

das H★schen	der Raum	______
str★flich	lang	______
r★mlich	das Haus	______
l★nglich	strafen	______

(8x1 P.)
8 Punkte

5 Verlängere die Verben. Schreibe so: sie sa★t → sagen

sie schrei★t → ______ / er gi★t → ______

er flie★t → ______ / sie hu★t → ______

er trin★t → ______ / sie fra★t → ______

(6x1 P.)
6 Punkte

Themen: 1: Vier Fälle des Nomens 2: Wortfamilie 3: Wortstamm 4: Strategien anwenden: ä/äu
5: Strategien anwenden: Verben verlängern (b/P, g/k)

6 Setze die Sätze ins Futur.

Heute backe ich mit Opa. – Morgen ______

Heute geht Ela einkaufen. – Morgen ______

Heute regnet es. – Morgen ______

(3x1 P.)
3 Punkte

7 Markiere in der passenden Farbe: **Präteritum**, **Perfekt**, **Präsens**, **Futur**.

ich rannte | du bist gelaufen | wir raten | sie haben gerufen

du wirst klettern | es tropft | ihr spieltet | er wird gewinnen

(8x0,5 P.)
4 Punkte

8 Bilde zusammengesetzte Nomen und schreibe sie mit Artikel auf.

die Schule	waschen
groß	die Sonne

+

der Vater	der Schirm
die Maschine	das Haus

______ ; ______

______ ; ______

(4x1 P.)
4 Punkte

9 Schreibe die Wörter mit Trennstrichen auf. Markiere den Trennstrich für eine sinnvolle Trennung.

Schulgebäude Raubtierkäfig Sonnenschirm Hundefutter

______ ; ______

______ ; ______

(4x1 P.)
4 Punkte

10 **ß** oder **ss**? Schreibe passend in die Lücken.

drau___en das Gewä___er der Bi___ das Gefä___ gie___en la___en

(6x0,5 P.)
3 Punkte

11 Setze die passenden doppelten Mitlaute ein.

(5x1 P.)
5 Punkte

er re___t ihr mü___t sie schmo___t du schwi___st er ö___net

Themen: 6: Futur 7: Zeitformen von Verben 8: Zusammengesetzte Nomen 9: Wörter trennen
10: Wörter mit Doppel-s und ß 11: Doppelte Mitlaute am Wortstammende

1 Unterstreiche in jedem Satz das Dativobjekt.

Das Fahrrad gehört Sami.

Opa kauft seinem Enkel ein Eis.

Gestern war den Geschwistern langweilig.

Oma gibt mir ein Stück Pizza.

(4x1 P.) **4 Punkte**

2 Unterstreiche in jedem Satz das Akkusativobjekt.

Ela trinkt eine warme Milch.

Opa liest seine Zeitung.

Mila besucht ihre Oma.

Papa kauft den Kindern ein Geschenk.

(4x1 P.) **4 Punkte**

3 Mit jeder Frage kannst du ein Satzglied bestimmen. Verbinde passend.

Wem? Was tut? Wer oder was? Wen oder was?

Prädikat Subjekt Dativobjekt Akkusativobjekt

(4x1 P.) **4 Punkte**

4 Setze die kleinen Merkwörter **ohne**, **ähnlich**, **bevor** und **jetzt** passend ein.

Tim und Tom sind Zwillinge. Sie sind sich sehr ____________. / Vorhin war es noch hell. ____________ ist es schon dunkel. / Mama geht morgens joggen, ____________ sie zur Arbeit geht. / Ich gehe nie ____________ mein Kuscheltier schlafen.

(4x1 P.) **4 Punkte**

5 Setzte die Wörter passend ein.

Kamin | Biber | Igel | Trampolin

Ein ____________ hat Stacheln. / Der ____________ baut Staudämme. / Auf einem ____________ kann man hüpfen. / Im ____________ brennt ein Feuer.

(4x1 P.) **4 Punkte**

6 Finde verwandte Wörter, die das **h** hörbar machen. Z.B. **der Sehtest – sehen**.

die Drehtür – ____________, die Sprühflasche – ____________,

der Turnschuh – ____________, die Kuhweide – ____________

(4x1 P.) **4 Punkte**

Themen: 1: Dativobjekt 2: Akkusativobjekt 3: Satzglieder bestimmen 4: Kleine Merkwörter 5: Merkwörter mit langem i 6: Silbentrennendes h

7 Unterstreiche in jedem Satz die Ortsangabe.

Gestern verkauften wir Kuchen auf dem Pausenhof.
Morgen geht Mila mit ihrer Oma in das neue Einkaufszentrum.
Papa hat die neuen Winterstiefel aus dem Sportgeschäft.
Ela und Naomi sitzen im Schulbus.

(4x1 P.)
4 Punkte

8 Unterstreiche in jedem Satz die Zeitangabe.

Tim und Tom waren zwei Wochen im Urlaub.
Oma ruft im Urlaub jeden Tag bei ihrer Tochter an.
Sami und Milo waren gestern im Kino.

(3x1 P.)
3 Punkte

9 Richtig oder falsch? Kreuze an.

Typische Werbesprüche enthalten Adjektive, englische Wörter oder Reimwörter. ☐ richtig ☐ falsch

Typische Werbewörter sind **langweilig**, **schlecht** und **alt**.
☐ richtig ☐ falsch

(2x1 P.)
2 Punkte

10 Verbinde die Redewendungen mit den passenden Bedeutungen.

auf der Leitung stehen	sich beeilen
auf die Tube drücken	gut zuhören
die Ohren spitzen	etwas nicht verstehen
jemandem auf den Keks gehen	jemanden nerven

(4x1 P.)
4 Punkte

11 Markiere alle Merkwörter.

(6x0,5P.)
3 Punkte

Moos Bitte Ärger Mai Zahn rennen Tiger Ohr

Der Wiederholungstest zur Klasse 3 (Test 1) kann als Entscheidungsgrundlage für die Auswahl der Arbeitshefte Leicht/Basis oder Basis/Plus dienen.

Maximal zu erreichende Punktanzahl: 97 Punkte

- **Bis zu 64 Punkten** empfehlen wir, mit dem Arbeitsheft LEICHT | BASIS weiterzuarbeiten.
- **Ab 65 Punkten** empfehlen wir, mit dem Arbeitsheft BASIS | PLUS weiterzuarbeiten.

Einstufung der Einzelkompetenzen zur Lernstandserhebung

Test / Seite	Nr.	Kompetenzen Das Kind ...	sicher	teilweise	unsicher	SOLL-Pkt.	IST-Pkt.
Test 1 Seite 2	1/2	... kennt die Wortarten (Nomen, Verben, Adjektive, Artikel, Pronomen)				5/5	
	3	... kennt den bestimmten Artikel				6	
Test 1 Seite 3	4	... kann Adjektive steigern				8	
	5	... kennt die Grund- und Personalformen von Verben				10	
	6	... kann zu Verben das Präteritum bilden				8	
	7	... kann Pronomen zuordnen				6	
Test 1 Seite 4	8	... erkennt Wortarten (Nomen, Verben, Adjektive)				8	
	9	... erkennt Redebegleitsätze				5	
	10	... kann Rede- und Satzzeichen bei wörtlicher Rede einsetzen				5	
	11	... kennt die (Rechtschreib-) Strategie-Symbole				5	
Test 1 Seite 5	12	... kann Strategie anwenden: Wörter großschreiben				5	
	13	... kann Wörter in Silben gliedern				3	
	14	... kann Ä/ä und Äu/äu ableiten				6	
	15	... kennt Merkwörter				6	
	16	kann Wörter mit b/P, d/t, g/k am Ende richtig schreiben				6	
					Gesamtpunktzahl	97	

Einstufung der Einzelkompetenzen als Grundlage zur individuellen Förderung

Test / Seite	Nr.	Kompetenzen	sicher	teilweise	unsicher	SOLL-Pkt.	IST-Pkt.
Test 2 Seite 6	1	... kennt Verbformen im Präsens und Präteritum				5	
	2	... kennt Verbformen im Präteritum und Perfekt				4	
	3	... erkennt abstrakte Nomen				3	
	4	...kennt Nomen mit -heit, -keit, -nis und -ung				4	
	5	... erkennt im Satz Nomen/Artikelwörter				7	
Test 2 Seite 7	6	... kann Satzglieder umstellen				4	
	7	... kann Adjektive steigern				4	
	8	... kennt Adjektive mit -ig, -lich, -lisch				6	
	9	... kennt Adjektive mit -bar, -los, -sam				6	
	10	... kann Silben schwingen				4	
	11	... erkennt Großschreibung von Satzanfängen/Nomen				4	
					Punkte Test 2	51	

Test / Seite	Nr.	Kompetenzen Das Kind ...	sicher	teilweise	unsicher	SOLL-Pkt.	IST-Pkt.
Test 3 Seite 8	1	... erkennt Subjekt und Prädikat				5	
	2	... erkennt das zweiteilige Prädikat				5	
	3	... kann Verben mit Vorsilben bilden				2	
	4	... kennt Konjunktionen mit weil/denn				4	
	5	... kennt Wörter mit ck/k und tz/z				4	
	6	... kennt Wörter mit lk, nk, rk und lz, nz, rz				6	
Test 3 Seite 9	7	... kann Sätze in wörtlicher Rede und Redebegleitsätze ordnen				8	
	8	... kennt lautmalerische Verben				4	
	9	... kennt Wörter mit x-Laut				4	
	10	... kennt Verben mit -ieren				4	
					Punkte Test 3	46	
Test 4 Seite 10	1	... kennt die vier Fälle des Nomens				4	
	2	... kennt Wortfamilien				6	
	3	... erkennt den Wortstamm				8	
	4	... kennt Strategie „Ä/ä und Äu/äu ableiten“.				8	
	5	... kennt Strategie „Verben verlängern (b/P, g/k)“.				6	
Test 4 Seite 11	6	... kann Sätze im Futur bilden.				3	
	7	... kennt Zeitformen von Verben (Präsens, Präteritum, Perfekt, Futur).				4	
	8	... kann zusammengesetzte Nomen bilden.				4	
	9	... kann sinnvoll trennen.				4	
	10	... kennt Wörter mit Doppel-s und ß.				3	
	11	... kennt Wörter mit doppeltem Mitlaut am Wortstammende.				5	
					Punkte Test 4	55	
Test 5 Seite 12	1	... kennt das Dativobjekt.				4	
	2	... kennt das Akkusativobjekt.				4	
	3	... kennt Satzglieder.				4	
	4	... kennt kleine Merkwörter.				4	
	5	... kennt Merkwörter mit langem i.				4	
	6	... kennt Wörter mit silbentrennendem h.				4	
Test 5 Seite 13	7	... kennt Ortsangaben.				4	
	8	... kennt Zeitangaben.				3	
	9	... kennt Werbewörter und Werbesprüche.				2	
	10	... kennt Redewendungen.				4	
	11	... kann Wörter mit der Strategie „Merken“ erkennen.				3	
					Punkte Test 5	40	
					Gesamtpunktzahl	192	

Deutsch mit Olli 4 Testheft

Redaktion: Julia Kluge
Illustration: Sandra Reckers (S. 5 Regenmantel, Zahnbürste, Auge, S. 9 Fuchs, Nixe), Axel Nicolai (S. 5 Fisch, Delfin, Blume, Krokodil, Papagei, S. 9 Klecks), Christian Bartz (S. 9 Keks), Petra Eimer (Papagei Olli)
Umschlaggestaltung: Corinna Babylon und Jule Kienecker, Berlin
Umschlagillustration: Petra Eimer
Layoutkonzept: Corngreen, Leipzig
Technische Umsetzung: Reemers Publishing Services GmbH, Krefeld

www.cornelsen.de

1. Auflage, 3. Druck 2025

Alle Drucke dieser Auflage sind inhaltlich unverändert
und können im Unterricht nebeneinander verwendet werden.

Druck: H. Heenemann, Berlin

Dieses Heft ist Bestandteil der Arbeitshefte Olli 4 Sprachbuch Leicht/Basis (ISBN 978-3-464-80257-1) sowie Olli 4 Sprachbuch Basis/Plus (ISBN 978-3-464-80258-8) und ist nicht einzeln bestellbar.
Es kann im 10er-Pack nachbestellt werden (ISBN 978-3-464-80755-2).

PEFC PEFC/04-31-1156
PEFC-zertifiziert
Dieses Produkt stammt aus nachhaltig bewirtschafteten Wäldern
www.pefc.de